本书得以完成，主要依托的项目有，广东省沿海经济带研究中心项目：基于游客感知形象的红树林美食旅游投射形象的塑造；岭南师范学院校级人才专项项目（ZW22021）：游客食物恐惧与美食旅游目的地品牌资产之关系研究；岭南师范学院校级教改项目：线上线下混合一流课程；岭南师范学院校级课程思政示范课堂。

游客食物恐惧与目的地品牌资产之关系研究

黄亚芬◎著

光明日报出版社

图书在版编目（CIP）数据

游客食物恐惧与目的地品牌资产之关系研究 / 黄亚芬著 . -- 北京：光明日报出版社，2025. 1. -- ISBN 978-7-5194-8504-7

Ⅰ. F590. 8

中国国家版本馆 CIP 数据核字第 2025EV6146 号

游客食物恐惧与目的地品牌资产之关系研究
YOUKE SHIWU KONGJU YU MUDIDI PINPAI ZICHAN ZHI GUANXI YANJIU

著　　者：黄亚芬	
责任编辑：陆希宇	责任校对：许　怡　李学敏
封面设计：中联华文	责任印制：曹　净

出版发行：光明日报出版社

地　　址：北京市西城区永安路 106 号，100050

电　　话：010-63169890（咨询），010-63131930（邮购）

传　　真：010-63131930

网　　址：http://book.gmw.cn

E - mail：gmrbcbs@gmw.cn

法律顾问：北京市兰台律师事务所龚柳方律师

印　　刷：三河市华东印刷有限公司

装　　订：三河市华东印刷有限公司

本书如有破损、缺页、装订错误，请与本社联系调换，电话：010-63131930

开　　本：170mm×240mm

字　　数：199 千字　　　　　　　印　　张：13

版　　次：2025 年 1 月第 1 版　　印　　次：2025 年 1 月第 1 次印刷

书　　号：ISBN 978-7-5194-8504-7

定　　价：85.00 元

目　录
CONTENTS

第一章

绪　论

第一节　研究背景

一、现实背景

美食旅游是近年来新兴的、非常流行的一种旅游形式，也成为当今旅游业受欢迎和有趣的旅游形式之一。[1]美食蕴含了当地的传统文化内涵和民族文化特色，具有地方性和民族性，是向游客传播当地文化的一种重要途径，因此不少旅游目的地都在推广美食。对于亚太地区的许多旅游目的地来说，美食已经被认为是最受游客欢迎和最有吸引力的体验。[2]

"饮食"是旅游行程的重要构成部分，通过品尝当地的食物可以让游客感受到地方的真实，[3]同时出于好奇的心理，游客在旅游过程中会表现出求新和

---

[1] JIMÉNEZ-BELTRÁN F, LÓPEZ-GUZMÁN T, GONZÁLEZ SANTA CRUZ F. Analysis of the relationship between tourism and food culture [J]. Sustainability, 2016, 8 (5): 418-429.

[2] HORNG J S, LIU C H, CHOU H Y, et al. Understanding the impact of culinary brand equity and destination familiarity on travel intentions [J]. Tourism management, 2012, 33 (4): 815-824.

[3] CHANG R C, KIVELA J, MAK A H. Food preferences of chinese tourists [J]. Annals of tourism research, 2010, 37 (4): 989-1011; COHEN E, AVIELI N. Food in tourism: attraction and impediment [J]. Annals of tourism research, 2004, 31: 755-778.

兴奋的动机。① 许多游客将品尝当地食物作为旅游体验的一个重要组成部分，这也促使了许多旅游目的地在进行营销时，将食物作为重要的吸引物来吸引游客，以提升旅游目的地的竞争力。② 在目的地品牌中，地方产品和菜肴是独特的卖点，因为它们是了解一个地方文化、历史和人民的"特定感官窗口"③。因此，传统食物由于其象征价值而具有强大的吸引力，它们具有表达当地文化的潜力，是区域身份和价值的明显标志。④ 作为一个地方的象征性表达，"典型的"当地食品可以作为目的地的区分因素。食物、住宿和交通通常被视为旅行期间的支持体验，然而，由于对食物的不满，整个旅行体验可能会"变差"。⑤ 异乡的食物有趣，但又令人感到恐惧。⑥ 至于传统食物，它可能具有一种矛盾的吸引力：虽然迷人，但是不熟悉，甚至令人反感或焦虑。⑦

　　当提及美食时，人们更多想到的是美好的食物，让人感到愉悦的食物。

① MAK A H, LUMBERS M, EVES A, et al. The effects of food-related personality traits on tourist food consumption motivations[J]. Asia pacific journal of tourism research, 2017, 22 (1): 1–20; YUSUF M. Measuring tourist's motivations for consuming local angkringan street food in yogyakarta, Indonesia[J]. Journal of indonesian tourism and development studies, 2017, 5 (2): 65–72.

② JIMÉNEZ-BELTRÁN F, LÓPEZ-GUZMÁN T, GONZÁLEZ SANTA CRUZ F. Analysis of the relationship between tourism and food culture[J]. Sustainability, 2016, 8 (5): 418–429; WONDIRAD A, KEBETE Y, LI Y. Culinary tourism as a driver of regional economic development and socio-cultural revitalization: evidence from amhara national regional state, ethiopia[J]. Journal of destination marketing & management, 2021, 19: 100–482.

③ TELFER D J, HASHIMOTO A. Food tourism in the Niagara region: the development of a nouvelle cuisine[M]// Food tourism around the world: development, management and markets. London: Routledge, 2003: 158–177.

④ HJALAGER A M, RICHARDS G. In tourism and gastronomy[M]. London: Routledge, 2003.

⑤ HSU F C, SCOTT N. Food experience, place attachment, destination image and the role of food-related personality traits[J]. Journal of hospitality and tourism management, 2020, 44: 79–87.

⑥ ROZIN P. Food is fundamental, fun, frightening, and far-reaching[J]. Social research, 1999: 9–30; Gyimóthy S, Mykletun R J. Scary food: commodifying culinary heritage as meal adventures in tourism[J]. Journal of vacation marketing, 2009, 15 (3): 259–273.

⑦ COHEN E, AVIELI N. Food in tourism: attraction and impediment[J]. Annals of tourism research, 2004, 31: 755–778.

而在当下，一些让人害怕的、^①不同寻常的、奇怪的食物^②也成为旅游目的地的吸引物之一。如"羊头餐"（Smalahove）提升了挪威沃斯地区作为一个旅游目的地的形象，因为它使游客感受到了既熟悉又陌生、既安心又有挑战的体验。^③

相对于非动物性食物，人们更容易对动物性食物产生恐惧。^④动物的头部和内脏比平常食用的身体部位更能突出地提醒人们食物的来源，所以后者比前者更容易被接受。^⑤流行病学研究发现，对小动物的恐惧占所有报告有恐惧症人的46%，最常见的恐惧就是对蜘蛛的恐惧。^⑥Fischler^⑦认为有人不喜欢或者怀疑新的东西，故路边摊和小吃等不熟悉的食物或菜式使游客避而远之。游客对当地食物安全的恐惧，阻碍了其体验当地文化。当地饮食习惯与餐桌礼仪的不同，如吃生食等，也会让游客产生恐惧。^⑧

可怕的异国食物不仅会引发恐惧或厌恶等情绪，还会引发兴奋和享受，

---

① GYIMÓTHY S, MYKLETUN R J. Scary food：commodifying culinary heritage as meal adventures in tourism［J］. Journal of vacation marketing, 2009, 15（3）：259–273; MYKLETUN R J, GYIMÓTHY S. Beyond the renaissance of the traditional voss sheep's-head meal：tradition, culinary art, scariness and entrepreneurship［J］. Tourism management, 2010, 31（3）：434–446.

② TAN H S G, FISCHER A R, VAN TRIJP H C, et al. Tasty but nasty? Exploring the role of sensory-liking and food appropriateness in the willingness to eat unusual novel foods like insects［J］. Food quality and preference, 2016, 48：293–302.

③ GYIMÓTHY S, MYKLETUN R J. Scary food：commodifying culinary heritage as meal adventures in tourism［J］. Journal of vacation marketing, 2009, 15（3）：259–273.

④ PLINER P, PELCHAT M L. Neophobia in humans and the special status of foods of animal origin［J］. Appetite, 1991, 16（3）：205–218.

⑤ MARTINS Y, PLINER P. "Ugh! That's disgusting!"：identification of the characteristics of foods underlying rejections based on disgust［J］. Appetite, 2006, 46（1）：75–85.

⑥ DOVEY T M, ALDRIDGE V K, DIGNAN W, et al. Developmental differences in sensory decision making involved in deciding to try a novel fruit［J］. British journal of health psychology, 2012, 17（2）：258–272.

⑦ FISCHLER, CLAUDE. Food, self and identity［J］. Social science information, 1988, 27：275–293.

⑧ 韩国圣, 李辉, LEW A. 基于旅游与农业联系的游客餐饮感知研究院评价维度与联系机制［J］. 世界地理研究, 2015, 24（2）：158–166.

这取决于体验、个性和旅行动机等因素。[①] 对一些人来说，食物可能会引发恐惧或厌恶等情绪反应，但对另一些人来说，则会让他们感到兴奋和享受。[②]

云南当地少数民族一直有吃新、吃鲜和吃生的习惯，[③] 当地少数民族经常向重要客人提供竹类昆虫、中国毛毛虫，如蝗虫、蚂蚁、白蚁、蜜蜂、黄蜂幼虫和蚕蛹等食用昆虫，食用昆虫被当作餐馆中的食物。[④] 在旅游业发展的今天，云南西双版纳傣族自治州的昆虫宴已经成为富有当地特色的一个重要旅游产品，很多地方都推出了吃虫节，将昆虫作为一种旅游吸引物来招揽游客，并且试图在游客心目中建立"吃虫"形象。然而，在国外的研究中，含有昆虫的食物被认为是新奇的，并且是被人们所厌恶的。[⑤] 那在中国，游客对这类形状、味道、形式都令人害怕恐惧的食物有何感受？游客品尝这种特殊的恐惧食物的动机如何？更进一步讲，这样的食物体验对游客的目的地品牌资产感知有何影响？诸如此类问题，都有待结合案例实际进行深入探索。

二、理论背景

随着旅游目的地之间的可替代性逐渐提高，旅游目的地之间的竞争越来越激烈，各个旅游目的地都在寻求建立独特的品牌形象，以区别于其他的竞争者。成功的品牌向旅游目的地传达附加值，有助于目的地创造独特的身份，从而使其与竞争对手区分开来。[⑥] 随着全球化的到来，为了提升竞争优势，目的

---

① CROMPTON J L. An assessment of the image of mexico as a vacation destination and the influence of geographical location upon that image[J]. Journal of travel research, 1979, 17（4）：18-23；LEE T H, CROMPTON J. Measuring novelty seeking in tourism[J]. Annals of tourism research, 1992, 19（4）：732-751.

② MYKLETUN R J, GYIMÓTHY S. Beyond the renaissance of the traditional voss sheep's-head meal：Tradition, culinary art, scariness and entrepreneurship[J]. Tourism management, 2010, 31（3）：434-446.

③ 鲁芬，田芙蓉，张超旋. 消费需求的变化与云南餐饮美食的发展[J]. 旅游研究，2019, 11（4）：19-21.

④ CHEN X, FENG Y, CHEN Z. Common edible insects and their utilization in China[J]. Entomological research, 2009, 39（5）：299-303.

⑤ TAN H S G, FISCHER A R, TINCHAN P, et al. Insects as food：exploring cultural exposure and individual experience as determinants of acceptance[J]. Food quality and preference, 2015, 42：78-89.

⑥ AAKER D A. Managing brand equity[M]. New York：Free Press, 1991.

地品牌资产建设成为吸引国内外游客的关键。[①] 目前，品牌资产只对旅游休闲的研究比较多，主要集中在目的地、[②] 餐馆、[③] 航空公司、[④] 酒店[⑤] 和赌场。

美食旅游为目前比较流行的、参与者众多的旅游形式之一。相对于其他的目的地品牌资产，食物品牌资产不仅会影响态度和行为，[⑥] 也会形成难忘的旅行经历。[⑦] 在美食旅游研究中，已经证实了美食对目的地能够产生积极的经济影响，提升旅游目的地的形象。[⑧] 不过，目前研究更多的是关注供给方从游客

① GONZÁLEZ-MANSILLA Ó, BERENGUER-CONTRÍ G, SERRA-CANTALLOPS A. The impact of value co-creation on hotel brand equity and customer satisfaction [J]. Tourism management, 2019, 75: 51–65; JIANG W H, LI Y Q, LIU C H, et al. Validating a multidimensional perspective of brand equity on motivation, expectation, and behavioural intention: a practical examination of culinary tourism [J]. Asia Pacific journal of tourism research, 2017, 22 (5): 524–539.

② KONECNIK M, GARTNER W C. Customer-based brand equity for a destination [J]. Annals of tourism research, 2007, 34 (2): 400–421; KAUSHAL V, SHARMA S, REDDY G M. A structural analysis of destination brand equity in mountainous tourism destination in northern India [J]. Tourism and hospitality research, 2019, 19 (4): 452–464.

③ NAM J, EKINCI Y, WHYATT G. Brand equity, brand loyalty and consumer satisfaction [J]. Annals of tourism research, 2011, 38 (3): 1009–1030.

④ CHEN C F, CHANG Y. Airline brand equity, brand preference, and purchase intentions–the moderating effects of switching costs [J]. Journal of air transport management, 2008, 14: 40–42.

⑤ ZHOU Y, JIANG J. The Impacts of customer-Based brand equity on revisit intentions: an empirical study on business and leisure traveler at five Shanghai budget hotels [J]. Research journal of international studies, 2011, 22: 110–119; NAM J, EKINCI Y, WHYATT G. Brand equity, brand loyalty and consumer satisfaction [J]. Annals of tourism research, 2011, 38 (3): 1009–1030.

⑥ STONE M J, MIGACZ S, WOLF E. Beyond the journey: the lasting impact of culinary tourism activities [J]. Current issues in tourism, 2019, 22 (2): 147–152; DA LIANG A R, NIE Y Y, CHEN D J, et al. Case studies on co-branding and farm tourism: best match between farm image and experience activities [J]. Journal of hospitality and tourism management, 2020, 42: 107–118; SÉRAPHIN H, ZAMAN M, OLVER S, et al. Destination branding and overtourism [J]. Journal of hospitality and tourism management, 2019, 38 (1): 1–4.

⑦ HORNG J S, TSAI C T. Culinary tourism strategic development: an Asia-Pacific perspective [J]. International journal of tourism research, 2012, 14 (1): 40–55.

⑧ JIMÉNEZ-BELTRÁN F, LÓPEZ-GUZMÁN T, GONZÁLEZ SANTA CRUZ F. Analysis of the relationship between tourism and food culture [J]. Sustainability, 2016, 8 (5): 418–429; KIVELA J, CROTTS J C. Tourism and gastronomy: Gastronomy's influence on how tourists experience a destination [J]. Journal of hospitality & tourism research, 2006, 30 (3): 354–377; KIM S, KIM M, AGRUSA J, et al. Does a food-themed TV drama affect perceptions of national image and intention to visit a country? An empirical study of Korea TV drama [J]. Journal of travel & tourism marketing, 2012, 29 (4): 313–326.

的角度研究美食旅游不足。[①]更为突出的一点是，目前对美食旅游的研究主要集中于把美好的食物作为研究对象，对于那些以让人恐惧的食物而著名的美食旅游目的地在中国的研究背景下尚属空白。

目前有一些关于旅游目的地品牌资产前因及后果的探索。前因主要有：真实性感知、[②]智力资本、[③]参与、[④]动机和自我一致性[⑤]；后果影响主要有：品牌选择意图、[⑥]旅游意图、[⑦]社会资本、[⑧]满意度[⑨]。在美食旅游目的地品牌资产的相关论文中，目前主要集中于：目的地餐馆的形象对旅游产生影响，[⑩]游客对美

---

① 黄子璇.旅游者对目的地美食形象感知及行为意向影响因素研究：以成都市为例［D］.南京：南京师范大学，2019；CHANG R C，KIVELA J，MAK A H. Food preferences of Chinese tourists［J］. Annals of tourism research，2010，37（4）：989-1011；KIM Y G，EVES A. Construction and validation of a scale to measure tourist motivation to consume local food［J］. Tourism management，2012，33（6）：1458-1467.

② LU A C C，GURSOY D，LU C Y. Authenticity perceptions，brand equity and brand choice intention：the case of ethnic restaurants［J］. International journal of hospitality management，2015，50：36-45.

③ LIU C H，JIANG J F. Assessing the moderating roles of brand equity，intellectual capital and social capital in Chinese luxury hotels［J］. Journal of hospitality and tourism management，2020，43：139-148.

④ KIM Y G，EVES A，SCARLES C. Building a model of local food consumption on trips and holidays：a grounded theory approach［J］. International journal of hospitality management，2009，28（3）：423-431.

⑤ FRIAS D M，CASTAÑEDA J A，DEL BARRIO-GARCÍA S，et al. The effect of self-congruity and motivation on consumer-based destination brand equity［J］. Journal of vacation marketing，2019，26（3）：287-304.

⑥ KIM Y G，EVES A，SCARLES C. Building a model of local food consumption on trips and holidays：a grounded theory approach［J］. International journal of hospitality management，2009，28（3）：423-431.

⑦ HORNG J S，LIU C H，CHOU H Y，et al. Understanding the impact of culinary brand equity and destination familiarity on travel intentions［J］. Tourism management，2012，33（4）：815-824.

⑧ LIU C H，JIANG J F. Assessing the moderating roles of brand equity，intellectual capital and social capital in Chinese luxury hotels［J］. Journal of hospitality and tourism management，2020，43：139-148.

⑨ FRIAS D M，CASTAÑEDA J A，DEL BARRIO-GARCÍA S，et al. The effect of self-congruity and motivation on consumer-based destination brand equity［J］. Journal of vacation marketing，2019，26（3）：287-304.

⑩ HERNANDEZ-ROJAS R D，FOLGADO-FERNANDEZ J A，PALOS-SANCHEZ P R. Influence of the restaurant brand and gastronomy on tourist loyalty. A study in Córdoba（Spain）［J］. International journal of gastronomy and food science，2021，23：100-305.

食的情绪对未来的行为产生积极影响，[1] 正宗的、高质量的美食会提高游客对目的地的评价和忠诚度，高质量的传统菜肴是吸引游客再次访问该地的重要因素之一。[2] 食物质量差和服务失误会对健康造成负面影响、扰乱旅行、损害目的地声誉。[3] 对旅游目的地的食物不满意会对整体旅游体验产生消极影响，甚至会使他们产生马上离开旅游目的地的想法。[4]

上述文献发现，已有的研究，并没有从动机方面来探讨游客对美食旅游目的地品牌资产的影响。目前，关于美食旅游动机的研究都只关注游客品尝当地食物的动机，而对具体的食物，如有关让人恐惧的食物的品尝动机的研究甚少。基于此，有必要在更广阔消费场景、更多对象和目标中研究美食旅游目的地品牌资产的构成及其前因和后果的影响关系。

最后，从心理学看，恐惧是个体为了适应环境和自我保护的需要而对新异性、伤害性和可能带来消极后果的危险刺激或情境进行反应时的所有系统或要素的一种非线性动态加工过程。[5] 恐惧感，是个体企图逃避或摆脱某种情景所产生的一种情绪体验，是人类三大基础情绪之一，是由于个体缺乏处理、摆脱可怕情境的力量和能力。[6]

恐惧不仅仅作为一种情感在人的生活中出现，同时，恐惧也有具体的对象和内容。[7] 在旅游中，恐惧作为一种情绪，是旅游体验的一个重要组成部分，

① PRAYAG G，HOSANY S，MUSKAT B，et al. Understanding the relationships between tourists' emotional experiences，perceived overall image，satisfaction，and intention to recommend［J］. Journal of travel research，2017，56（1）：41–54.

② AGARWAL R，DAHM M J. Success factors in independent ethnic restaurants［J］. Journal of food service and business research，2015，18：20–33.

③ PENDERGAST D. Tourist gut reactions：food safety and hygiene issues［J］. Tourism in turbulent times，2006：143–154.

④ PEŠTEK A，ČINJAREVIĆ M. Tourist perceived image of local cuisine：the case of Bosnian food culture［J］. British food journal，2014，116（11）：1821–1838；NIELD K，KOZAK M，LEGRYS G. The role of food service in tourist satisfaction［J］. International journal of hospitality management，2000，19（4），375–384.

⑤ 刘海燕. 青少年恐惧情绪再评价调节脑机制 fMRI 研究［D］. 北京：首都师范大学，2005.

⑥ 肖全民. 幼儿心理行为的教育诊断［D］. 武汉：武汉大学出版社，2017.

⑦ 周意. 4岁~6岁学前儿童恐惧源的访谈研究［J］. 教育导刊（下半月），2011，3：20–23；李敏. 图画书中鬼怪意象及其适宜性探究［D］. 南京：南京师范大学，2015.

在旅行中以不同的形式和在不同的阶段表现出来。在食物消费过程中，Cohen 和 Avieli（2004）指出，人类受到生理以及文化的影响，食物消费是一种复杂的行为：异域的食物对一些旅游者而言充满了吸引力，人们会"食物求新"；① 但是另一些人会对陌生的食物保持谨慎的态度，也就是"食物恐新"（food neophobia）。② 所以目的地食物对游客可能是吸引物，也可能是障碍物。③ 刘彬、王挺之和陈忠暖（2017）指出未来研究需要关注旅游者饮食消费体验及其背后的社会文化意义，对游客就餐时的行为所呈现的自我矛盾心理进行分析。

通过对国内外相关文献的回顾发现，旅游研究中关于消费者恐惧的研究还不多，一些学者尝试对与食物相关的恐惧进行界定，发现食物恐惧与食物恐新有关，④ 他们也将其称为食物厌恶（food disgust）。⑤ 食物恐惧与食物拒绝⑥ 相互影响。这些研究多采用心理学中食物恐新、食物厌恶和食物拒绝的角度测试消费者对食物恐惧情绪的表现，但是关于消费者对食物恐惧的内容和形式还欠缺探索。

所以本文遵循此逻辑，首先对让人恐惧的食物进行研究，发展了游客食物恐惧的感知构成，继而从动机探讨影响人们品尝旅游目的地提供的恐惧食物的因素。最后，研究旅游者动机与目的地品牌资产、目的地满意度的关系。

---

① CROMPTON J L, MCKAY S L. Motives of visitors attending festival events [J]. Annals of tourism research, 1997, 24（2）: 425–439; KIM Y G, SUH B W, EVES A. The relationships between food-related personality traits, satisfaction, and loyalty among visitors attending food events and festivals [J]. International journal of hospitality management, 2010, 29（2）: 216–226; JI M J, WONG I A, EVES A, et al. Food related personality traits and the moderating role of novelty seeking in food satisfaction and travel outcomes [J]. Tourism management, 2016, 57: 387–396.

② MAK A H, LUMBERS M, EVES A, et al. An application of the repertory grid method and generalised procrustes analysis to investigate the motivational factors of tourist food consumption [J]. International journal of hospitality management, 2013, 35: 327–338.

③ QUAN S, WANG N. Towards a structural model of the tourist experience: an illustration from food experiences in tourism [J]. Tourism management, 2004, 25（3）: 297–305.

④ PLINER P, HOBDEN K. Development of a scale to measure the trait of food neophobia in humans [J]. Appetite, 1992, 19（2）: 105–120; MAK A H, LUMBERS M, EVES A, et al. An application of the repertory grid method and generalised procrustes analysis to investigate the motivational factors of tourist food consumption [J]. International journal of hospitality management, 2013, 35: 327–338.

⑤ DESILVA P, RACHMAN S. Human food aversions: nature and acquisition [J]. Behaviour research and therapy, 1987, 27: 457–468.

⑥ HARTMANN C, SIEGRIST M. Development and validation of the food disgust scale [J]. Food quality and preference, 2018: 63: 38–50.

第二节 研究问题、创新与意义

一、研究问题

本研究主要探讨游客食物恐惧的感知构成及其对动机的影响，进而探讨动机对目的地品牌资产的影响。具体而言，本研究的研究问题如下：

（一）游客对食物恐惧的感知构成有哪些？

（二）哪些因素会影响游客品尝让人恐惧的食物？

（三）基于美食游客视角的目的地品牌资产的构成要素及其作用机制如何？

（四）动机和目的地品牌资产对美食旅游目的地满意度产生什么样的影响？

二、研究创新

本研究的创新点主要体现在以下两点。

第一，在以往的美食旅游中，研究的都是好看好吃的、赏心悦目的食物，并将其作为一种吸引物，但是 Cohen 和 Avieli（2004）强调，食物不仅是一种吸引物，也是一种障碍物。食物恐惧是人类普遍存在的一种现象，本研究发展了食物恐惧的量表，对人们产生食物恐惧的因素进行了研究，从游客对食物恐惧的内容和形式角度进行量化补充。

第二，完善美食旅游目的地品牌资产感知的研究。在以往的研究中，调查的美食旅游者都是品尝过美好食物的游客，缺乏对品尝过让人害怕食物的游客的调查，其旅游动机、食物恐惧对游客目的地品牌资产感知的影响如何缺乏验证。

三、研究意义

（一）理论意义

1.通过构建食物恐惧的量表，形成系统且全面的测量体系，专门针对游客美食旅游中对食物的恐惧测量，弥补了现阶段对恐惧食物研究的空白。

2. 使现有的旅游目的地品牌资产感知理论得以完善。深化旅游目的地品牌资产理论，使旅游目的地品牌资产感知研究框架得以进一步提升。

3. 研究基于消费者的美食旅游目的地品牌资产模型。国内外学者依据不同的研究理论，采用不同的研究方法，从不同的研究视角对旅游目的地品牌资产进行研究，并且提出了不同的模型，但是模型之间的差异较大。本文试图在已有的研究基础上，从美食旅游者的角度探索美食旅游目的地品牌资产模型。

4. 旅游目的地品牌资产是目的地品牌研究的重要构成要件，但是现有研究仍处于较为缺乏的阶段。旅游目的地品牌资产是测量目的地品牌绩效的主要指标，是目的地的品牌运行效果的直接体现，对促进旅游目的地的发展十分必要。纵观目前国内外研究文献，主要集中在目的地品牌定义、要素构成、评价方式和结构模型等方面（许春晓，莫莉萍，2014；Blain et al.，2005；Holly et al.，2012）。虽然旅游目的地品牌资产受到了国内外学者的关注，并取得了丰硕的成果，但是关于美食旅游目的地品牌资产的研究很少，而针对品尝过让人恐惧的食物的美食旅游者的研究更是少之又少。

（二）实践意义

通过了解人们产生食物恐惧的因素，为旅游目的地进行营销提供借鉴，具体如下：

1. 通过调查食物恐惧对游客品尝让人恐惧的食物的动机影响机制，可以了解哪些因素是最主要的，继而在旅游营销过程中可以采取有针对性的措施加以避免，以提升旅游目的地的形象。

2. 基于顾客的品牌资产研究，通过调查游客的实际体验和感受旅游目的地品牌的独特魅力，有助于目的地营销管理者提升品牌意识，发现现有营销策略中的不足，同时扩大旅游目的地的品牌影响力。

3. 提出合理性措施帮助旅游目的地品牌资产升级。成功的品牌资产能为旅游目的地带来宏观的收益，通过对美食旅游目的地品牌资产的研究，为目的地营销管理者提出品牌化策略提供参照价值。通过对品牌资产内在结构的研究，明确目的地品牌资产各维度的构成，厘清各维度之间的关系，为目的地营销管理者在旅游产品开发、推广方面提供理论参考依据。不仅有利于目的地明确其在目标游客中的定位，同时也有利于目的地旅游业可持续发展目标的实现。

第三节　研究方法、内容及技术路线

一、研究方法

本研究主要运用旅游学、心理学、社会学、统计学等相关学科理论开展研究，采用定量的研究方式，通过文献回顾、德尔菲法、词云法、问卷调查法以及数理统计法等研究方法来发展研究量表、构建研究模型、收集样本数据并对其进行统计分析。

（一）德尔菲法

德尔菲法也称为专家调查法，是定性研究方法的一种，在食物恐惧量表的开发过程中，利用专家的经验和知识针对理论研究整理出来的初始问卷中问卷测项的准确性、问项表述的清晰性、问卷的简洁性和合理性等方面提出建议和意见，从而对问卷进行修正，以提高内容效度，获得初始问卷。

（二）词云分析

通过设定开放性的问题，让公众作答，对文本中重要词汇的次数进行统计、分析，频率较高的"关键词"予以可视化的展现。

（三）问卷调查法

在本研究中，总共进行了四次问卷调查：第一次是开放性问题调查；第二次是量表开发中预调查；第三次是量表的正式调查；第四次是针对整个研究的调查。

（四）数理统计法

本研究采用数理统计法对问卷结果进行分析，以此来验证研究结果和研究中的假设关系。[①] 本研究采用 SPSS 25.0 和 Smart PLS 3.0 软件，对问卷进行

---

① 吴明隆. 问卷统计分析实务：SPSS 操作与应用［M］. 重庆：重庆大学出版社，2011.

检验。对量表的信度和效度进行分析，对结构方程模型进行验证。通过描述性统计分析受访对象的个人信息，信度分析检验问卷的内部一致性，以确保研究的合理性。探索性因子分析针对问卷的效度进行检验，以确保问卷的有效性。同时，探索性因子分析也是对部分变量的维度进行探讨，以得出各变量的构面。通过假设检验和结构方程模型，以解释各个变量之间的关系。

二、研究内容

本文研究主要包括以下内容：

第一章是绪论。主要介绍本研究的理论背景和实际背景，在此基础上提出本研究的研究问题、创新点、研究意义，确定研究的方法和内容以及规划技术路线。

第二章是文献综述。针对研究问题，收集、阅读和整理与食物旅游有关的动机、食物恐惧、旅游目的地品牌资产、满意度等相关文献资料，对其进行回顾与归纳总结，寻找本文研究的突破口，为本研究提供理论依据。

第三章是研究设计。通过翻查相关的文献数据，推出本研究的假设并建立理论框架。通过文献综述设计问卷、预调查，并对问卷的信度、效度进行检验，发现问题及时修改，确保问卷可靠及合理。最后进行正式问卷的派发与回收，以获得本研究需要之材料。

第四章是量表开发。对食物恐惧的量表进行开发。

第五章是研究结果分析，对回收的数据进行筛选后录入，利用 SPSS 25.0 和 Smart PLS 3.0 统计软件进行分析。

第六章是结论与建议。针对本研究的调查结果，得到相关结论和启发，发现本研究的不足，并提出未来的研究设想。

三、技术路线

本研究的技术路线如图1.1：

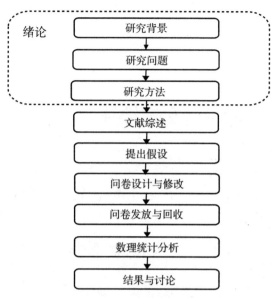

图1.1 研究技术路线

（资料来源：本研究整理）

第二章

文献综述

第一节 核心概念界定

一、美食旅游

（一）食物

美食（gastronomy），与之相近的概念有"食物（food）""饮食（dining）""小吃（snack）"等。Pliner 将食物分为新的、陌生的和熟悉的食物。Tuorila[①] 将食物分为五类：民族食物、功能性食物、营养改良食物、转基因食物和有机食物。从社会文化的角度对食物进行分类，分为"可吃""不可吃""最偏爱"和"次喜欢"的食物。从烹饪的角度看，食物是由原料加工而成的，原料从来源的不同可以分为动物性原料和植物性原料。

在旅游行为研究中，食物是六要素之一。[②] 美食代表的是一个国家或地区独特的菜肴和饮品，[③] 在目的地营销和游客体验中扮演着重要的角色。食物代

---

① TUORILA H, LÄHTEENMÄKI L, POHJALAINEN L, et al. Food neophobia among the finns and related responses to familiar and unfamiliar foods［J］. Food quality and preference, 2001, 12（1）: 29-37.

② 翟辅东. 旅游六要素的理论属性探讨［J］. 旅游学刊, 2006（4）: 18-22; 谢彦君. 基础旅游学: 第4版［M］. 北京: 商务印书馆, 2015.

③ KIVELA J, CROTTS J C. Tourism and gastronomy: gastronomy's influence on how tourists experience a destination［J］. Journal of hospitality & tourism research, 2006, 30（3）: 354-377.

表了当地的文化和传统，并以此吸引国内外游客，是旅游目的地中不可或缺的一部分。① 当人们提及美食时，更多地想到的是美好的食物，让人感到愉悦的食物。而在当下，人们也开始关注一些新奇的、让人感到害怕的食物。本研究所讨论的就是这些令人恐惧的食物。

令人害怕的食物与目前网络流行语"黑暗料理"较为类似。"黑暗料理"一词最早出自日本动漫《中华小当家》，指代由黑暗料理界所做的食物，而非形容难吃的料理。经过网民的引申后，黑暗料理既可以指街边卫生状况一般，经营到很晚的小吃摊、大排档，也可以形容由厨艺一般的人做出来的卖相非常令人难以接受的菜品和食物，也指某些材料或做法特别导致常人无法下咽的食物，也指故意制作的富有"创意"的食物。具体而言，黑暗料理包括：（1）使用不同寻常且不被大众认可的食品原材料，通过特别的制作工序，使得做出来的菜品具有诡异的味道、颜色或形状；（2）流动摊位、大排档、小吃摊的食物；（3）环境条件差的餐饮企业做出来的食物。

基于上述界定和阐述，在国外的研究中，与令人害怕的食物相似的一些名词如表2.1所示：

表2.1　国外与令人害怕食物的相似概念

概念名称	内涵	作者
unusual food 异常的食物	来源未知的、新的食物，不是餐桌常见的食物，与人们的感官体验有差距的食物	Otis，1984
street food 路边小吃 （小推车）	街头食物有三个特点，便宜、方便和容易获得。街头食物也和卫生条件差联系在一起	Bellia，Pilato and Seraphin， 2016； Alimi，2016； Lin et al.，2010

---

① DE ALBUQUERQUE C R, MUNDET L, AULET S. The role of a high-quality restaurant in stimulating the creation and development of gastronomy tourism [J]. International journal of hospitality management, 2019，83：220–228; SAMADDAR A, CUEVAS R P, CUSTODIO M C, et al. Capturing diversity and cultural drivers of food choice in eastern India [J]. International journal of gastronomy and food science, 2020，22：100–249.

续表

概念名称	内涵	作者
scary food 恐怖的食物	当食物的原料未知、存在潜在的风险以及存在感官差异（如味道、气味、质地、声音和视觉上）时，人们往往会感到害怕	Gyimóthy and Mykletun，2008
nasty food 肮脏的食物	一些不常见的食物，由于奇怪的味道和不同寻常的感官感受而让人拒绝	Tan et al.，2016
food neophobia 食物恐新	人类不喜欢或怀疑新的、陌生的食物	Pliner and Salvy，2006；Knaapila et al.，2007；Dovey et al.，2008

资料来源：本研究整理。

综上所述，本研究所研究的是令人恐惧的食物，是美食中新的、不同寻常的、奇怪的、让人感到害怕的、富有创意的食物。而本研究在令人恐惧的食物中，主要研究的是"昆虫食物"。

（二）美食旅游

美食旅游（gastronomy tourism），也称为食物旅游（food tourism）或烹饪旅游（culinary tourism），Horng and Tsai[①] 认为这些相关术语的界限虽然可以模糊交替使用，但是它们之间也存在细微差别。

食物旅游，指参观食物加工、参加美食节、在餐厅就餐和品尝或体验独特的食物作为旅游的主要动机的活动。此定义强调了旅游的主要动机是为了品尝食物，如果旅游的最初目的不是食物，而仅仅是在旅行过程中了解了当地美食街，这并不被认为是食物旅游。之后，Hall and Sharples 将食物旅游界定为游客进行旅游活动的目的是渴望体验特定地区的食物或产品。食物旅游强调了旅游者对食物的消费，参与到与食物有关的节日活动以及到特定餐厅

---

① HORNG J S，TSAI C T. Culinary tourism strategic development：an Asia-Pacific perspective［J］. International journal of tourism research，2012，14（1）：40-55.

用膳等以食物为主题的体验。[1] 在食物旅游中，食物毋庸置疑地扮演着核心角色，旅游者在旅途中也将关注的重点聚焦在感官的满足和生理体验上。[2] 食物游客是那些主要为与美食口味相关的体验而旅行的人，具有内在和外在的激励价值，不同于一般的休闲游客。[3]

烹饪旅游强调的是食物的烹饪体验，[4] 包括使用当地原材料、传统烹饪方式，享用最终产品和饮食资源。在烹饪旅游中，食物与文化是紧密相连的，旅游目的地将文化融入饮食过程，而游客通过食物来理解当地的文化，是一种文化消费形式。Long[5] 首次提出了烹饪旅游的概念，将其界定为跨国界地、探索性地参与地方的饮食文化，也就是参与非自己所属文化的食物、菜系、膳食体系的品尝、制作、消费或展示活动。它是一种旅游体验形式，包括游客在当地餐馆品尝美食、购买街头食物、参加烹饪课程、参观当地食物市场和在不熟悉的地方参加与食物有关的节日。在这个定义中，并不包括强烈兴趣体验不同类型食物的普通国内旅游者，所以在其研究中，中国赴泰国清迈旅游的主要动机是参观当地的美食学校，可以被认为是烹饪旅游，而从泰国其他城市去清迈体验当地食物，并且参观了当地美食学校的旅游者却不能被称为烹饪旅游者。之后，Smith 和 Xiao[6] 将烹饪旅游界定为游客对当地饮食的理解和欣赏，人们通过品尝当地饮食，有意识地接触各类文化。该定义也表

---

① HALL C M，SHARPLES L，MITCHELL R，et al. Food tourism around the world：development，management and markets［M］. Oxford，UK：Butterworth-Heinemann，2003.

② ELLIS A，PARK E，KIM S，et al. What is food tourism？［J］. Tourism management，2018，68：250–263.

③ HALL C M，SHARPLES L，MITCHELL R，et al. Food tourism around the world：Development，management and markets［M］. Oxford，UK：Butterworth-Heinemann，2003；KIM Y G，EVES A，SCARLES C. Building a model of local food consumption on trips and holidays：a grounded theory approach［J］. International journal of hospitality management，2009，28（3）：423–431；SU D N，JOHNSON L W，O'MAHONY B. Analysis of push and pull factors in food travel motivation［J］. Current issues in tourism，2020，23（5）：572–586.

④ KIVELA J，CROTTS J C. Tourism and gastronomy：gastronomy's influence on how tourists experience a destination［J］. Journal of hospitality & tourism research，2006，30（3）：354–377.

⑤ LONG L M. Culinary tourism［M］. University press of kentucky，2004.

⑥ SMITH S L J，XIAO H G. Culinary tourism supply chains：a preliminary examination［J］. Journal of travel research，2008，46（3）：289–299.

明了游客在烹饪旅游的过程中，通过食物有意识地接触和了解当地文化。

世界旅游组织采用的术语为美食旅游，它更侧重于目的地提供给游客的美食，美食旅游是一种新兴的旅游形式，也成为当今旅游业最受欢迎和最有趣的旅游形式之一。[1]

2015年，世界食物旅游协会对美食旅游进行了概念界定，美食旅游是游客无论多远距离，为了寻求和品尝特别的、印象十分深的食物和饮料而进行的旅游活动。它强调，街边小吃、美食车等可以列入其中。之后，将对美食狂热的人称为"吃货"，"吃货"一词被广泛用到美食旅游中，[2] Getz（2014）更将"吃货"定义为对美食充满热情并且以品尝美食为主的游客。Herrera[3]认为美食旅游指的是旅游者计划将他们部分或全部行程用于品尝当地菜肴或参加与美食相关的表演活动，有些游客并不是为了食物而旅行，但是也应该属于美食旅游的范畴。美食旅游是旅游活动与餐饮行为相融合出现的一种特殊兴趣旅游，[4]指的是游客去目的地的主要动机是食物体验。[5] Santich[6]将美食旅游定义为"至少部分激发了对餐饮、吃喝的兴趣"，并且主张美食旅游是文化旅游的一个子集，因为它是关于参与特定地方和人有关的另一种文化。美食旅游包括许多领域，美食活动、葡萄酒旅游、啤酒旅游等，[7]是为了寻找和

① JIMÉNEZ-BELTRÁN F, LÓPEZ-GUZMÁN T, GONZÁLEZ SANTA CRUZ F. Analysis of the relationship between tourism and food culture[J]. Sustainability, 2016, 8（5）: 418-429.
② GETZ D, RICHARD R, ANDERSSON T D, et al. Foodies and food tourism[M]. Oxford: Goodfellow, 2014; FOX R. Reinventing the gastronomic identity of croatian tourist destinations[J]. International journal of hospitality management, 2007, 26（3）: 546-559.
③ HERRERA C F. Gastronomy's importance in the development of tourism destinations in the world[J]. Global report on food tourism, 2012: 6-9.
④ 管婧婧. 国外美食与旅游研究述评: 兼谈美食旅游概念泛化现象[J]. 旅游学刊, 2012, 27（10）: 85-92.
⑤ LONG L. Culinary tourism（material worlds）[M]. Lexington: The university press of kentucky, 2004: 4; STANLEY J, STANLEY L. Food tourism: A practical marketing guide[M]. Wallingford: Cabi, 2014.
⑥ SANTICH B. The study of gastronomy and its relevance to hospitality education and training[J]. International journal of hospitality management, 2004, 23（1）: 15-24.
⑦ WOLF E. Have fork will travel: a practical handbook for food & drink tourism professionals[M]. Portland, OR: World food travel association, 2014.

享受美食并形成难忘的美食体验。[①] 美食游客的主要动机是探索、体验和享受一个特定目的地的独特美食。[②] 管婧婧[③] 提出美食旅游的主要动机是对食物体验的追求，注重游客通过美食得到特别、难以忘怀的美食体验。表2.2列出了国内外美食旅游的相关概念。

表2.2　国内外美食旅游概念汇总

名称	核心观点	作者
Food tourism	包括旅游地的独特美食、文化遗产和生活模式，是一种重要的文化旅游形式	Boniface，2003
Food tourism	参观食物产地或制作地，以及品尝某些特定类别食物的旅游活动	Hall and Sharples，2008；Su et al.，2020b
Food tourism	通过参与当地食物的"新""异国情调"或"不熟悉"口味和风味，体验其他地方的文化	Kim and Ellis，2015；Park et al.，2019
Culinary tourism	有目的地、跨地域地、探究性地参加到"他者"的食物文化之中，包含品尝食物等	Long，2013
Gastronomy tourism	将食物作为旅游过程中的重要组成部分，以真实的方式，使用当地食材制作的食物以吸引游客的旅游形式	Kalenjuk，Tesanovic and Gagic，2015
美食旅游	以品尝美食为主要动机的旅游活动	迟景才，1998
美食旅游	到生活地之外追寻审美和愉悦经历，以消费和体验食物为主题的具有休闲和社会等特征的旅游活动	翁毅，2004
美食旅游	强调游客经过美食产生地所得到特别的、难以忘怀的、具备文化内涵的旅游体验，其动机是寻求美食体验	管婧婧，2012

① FUST'E-FORN'E F. Robot chefs in gastronomy tourism: What's on the menu?［J］. Tourism management perspective，2021，37：100774；FUSTÉ-FORNÉ F，JAMAL T. Slow food tourism: an ethical microtrend for the anthropocene［J］. Journal of tourism futures，2020，12：1–6.

② HORNG J S，TSAI C T. Culinary tourism strategic development: an Asia-Pacific perspective［J］. International journal of tourism research，2012，14（1）：40–55.

③ 管婧婧. 国外美食与旅游研究述评: 兼谈美食旅游概念泛化现象［J］. 旅游学刊，2012，27（10）：85–92.

续表

名称	核心观点	作者
美食旅游	食物是旅游目的地的关键吸引物，同时，此旅游目的地的美食旅游品牌形象，足以刺激旅游者旅游	程励等，2018
美食旅游	食物文化与旅游相互融合，将体验美食及知道当地食物文化作为更高需求的旅游行为	叶婷，2014
美食旅游	以体验美食及其背后的美食文化为主要出行动机，利用当地特有的景观及文化，丰富整个旅游活动的过程	潘俊，2016
美食旅游	利用食物吸引游客到目的地，通过对美食相关的活动进行设计，从而打造美食旅游	袁文军等，2018

资料来源：本研究整理。

　　综上所述，美食旅游的形式有很多，根据游客对食物的兴趣程度分为高档的美食旅游（完全以美食为目的）、烹饪旅游（对食物有中等兴趣）和乡村旅游（食物作为附属兴趣）。[①] 学者关于美食旅游的定义存在差异，但不管是哪种形式，当地食物的独特性都是吸引美食旅游者的主要因素，而独特的食物不仅包括让人愉悦的食物，也包括一些新的、不熟悉的，甚至是让人害怕的食物。面对这种让人害怕的食物而产生的恐惧感比积极的情绪更能影响游客的行为意图。[②] 对美食旅游者而言，独特的食物是主要的吸引物[③]，一个地区的美食独特性对游客来说特别重要。[④] 而对于少数民族地区而言，当地食物代

① MITCHELL R，HALL C M. Consuming tourists：food tourism consumer behaviour［M］// HALL C M，LIZ S，et al. Food tourism around the world. London：Routledge，2004：72–92.

② NAWIJN J，BIRAN A. Negative emotions in tourism：a meaningful analysis［J］. Current issues in tourism，2019，22（19）：2386–2398；ZHANG Y，PRAYAG G，SONG H. Attribution theory and negative emotions in tourism experiences［J］. Tourism management perspectives，2021，40：100904.

③ DE ALBUQUERQUE C R，MUNDET L，AULET S. The role of a high-quality restaurant in stimulating the creation and development of gastronomy tourism［J］. International journal of hospitality management，2019，83：220–228.

④ SAMADDAR A，CUEVAS R P，CUSTODIO M C，et al. Capturing diversity and cultural drivers of food choice in eastern India［J］. International journal of gastronomy and food science，2020，22：100249.

表了少数民族的一个重要的文化方面，[1] 游客有了解少数民族文化的动机。近年来，随着消费偏好的变化，游客对异域食物表现出极大的兴趣。

在本文中，根据世界食物旅游协会的界定，美食旅游指以品尝让人恐惧的食物作为独特的旅游动机，但是并不要求是活动的主要动机，而是旅游活动的一个主要组成部分。

二、动机

动机来源于拉丁语词根"移动"（movere），指的是激发、指导和整合个人行为和活动的整体力量。[2]"这种力量被认为能够减少个人所感受到的紧张状态"[3]，是激发、引导和塑造一个人行动的内在需求。Fodness[4]认为动机是所有行为背后的驱动力。"动机是激发、引导和组合人们行动的内在要素"。"动机指的是促使人们采取行动的个人内在驱动力"[5]。

动机一直是社会学、心理学和人类学等不同领域中研究次数最多的主题之一。从生理学和心理学的角度看，动机是生理需求和心理需求，是直接引起个体行为的内在动力；[6] 从心理学和社会学的角度看，动机可以分为情感和认知两个方面。[7]

国内学者对于动机的研究，认为动机是人的意识对行为的驱使，并且认

---

① GUERRERO L, GUARDIA M D, XICOLA J, et al. Consumer-driven definition of traditional food products and innovation in traditional foods: a qualitative cross-cultural study [J]. Appetite, 2009, 52 （2）: 345-354.

② DANN G. Tourism motivations: an appraisal [J]. Annals of tourism research, 1981, 8（2）: 189-219.

③ PEARCE P L. Perceived changes in holiday destinations [J]. Annals of tourism research, 1982, 9（2）: 145-164; UYSAL M, JUROWSKI C. Testing the push and pull factors [J]. Annals of tourism research, 1994, 21（4）: 844-846.

④ FODNESS D. Measuring tourist motivation [J]. Annals of tourism research, 1994, 21（3）: 555-581.

⑤ KIM S S, LEE C K, KLENOSKY D B. The influence of push and pull factors at Korean national parks [J]. Tourism management, 2003, 24（2）: 169-180.

⑥ PEARCE P L. Perceived changes in holiday destinations [J]. Annals of tourism research, 1982, 9（2）: 145-164.

⑦ GNOTH J. Tourism motivation and expectation formation [J]. Annals of tourism research, 1997, 24 （2）: 283-304; PEARCE P L. Perceived changes in holiday destinations [J]. Annals of tourism research, 1982, 9（2）: 145-164.

为人的行为是由多个动机连续满足而产生的。[①]刘珺（2018）认为动机是外部行为与内在需要相协调，并寻求实现某一具体目标的内在动力。动机可以让人们产生某种行为或参与某项活动。[②]

Crompton[③]指出旅游的动机是激发人们去不同地方旅行和体验新事物的主要因素。Dann[④]将旅游动机定义为"一种有意义的精神状态，它能充分引导行动者去旅行，随后其他人会将其解释为这种决定的主要因素"。Iso-Ahola（1982）提出旅游动机是"一种有意义的心理状态，这种状态足以使一个行动者去旅游"。Jang等人[⑤]提出"旅游动机被看作是一种需要的状态或一种条件，它驱使个人以某种方式旅游以获得期望的满足"。"旅游动机是推动旅行活动的直接力量，是一般意义上会对旅游倾向产生影响的需求与欲望之结合。"[⑥]

国内学者对旅游动机研究较晚，甘朝有（2001）认为旅游动机是产生旅游出行的主要原因，也是其在旅游中可以顺利完成特定旅游活动的动力。谢彦君[⑦]（2004）也认为，旅游动机是人们旅行行为之主要原因，是外出旅行的内发动力源泉。

而在美食旅游研究领域，美食游客的主要动机是探索、体验和享受一个特定目的地的独特美食[⑧]（Horng and Tsai，2010）。探索当地文化、寻求真实的

---

① 刘娟娟.动机理论研究综述［J］.内蒙古师范大学学报（教育科学版），2004（7）：68-70；刘珺.旅游虚拟社区成员参与动机与旅游决策行为的关系研究［D］.西安：西北大学，2018.

② 郭玉江.运动员运动动机与心理疲劳的关系：时间管理的中介作用［J］.沈阳体育学院学报，2015，34（5）：43-47.

③ CROMPTON J L. An assessment of the image of Mexico as a vacation destination and the influence of geographical location upon that image［J］. Journal of travel research，1979，17（4）：18-23.

④ DANN G. Tourism motivations：an appraisal［J］. Annals of tourism research，1981，8（2）：189-219.

⑤ RYU K，JANG S. Intention to experience local cuisine in a travel destination：the modified theory of reasoned action［J］. Journal of hospitality & tourism research，2006，30（4）：507-516.

⑥ OVIEDO-GARCÍA M Á，CASTELLANOS-VERDUGO M，TRUJILLO-GARCÍA M A，et al. Film-induced tourist motivations. The case of Seville（Spain）［J］. Current issues in tourism，2016，19（7）：713-733.

⑦ 谢彦君.基础旅游学［M］.4版.北京：商务印书馆，2015.

⑧ HORNG J S，TSAI C T. Culinary tourism strategic development：an Asia-Pacific perspective［J］. International journal of tourism research，2012，14（1）：40-55.

旅行体验、追求学习和教育机会、获得威望和地位的愿望；[①] 文化体验、感官吸引力、媒体报道、兴奋、健康关注；[②] 学习与联系、文化体验、品尝美食[③]；求新、真实体验和声望、人际交往和文化、价格和质量保证、健康关注、一致的饮食习惯、感官和情境愉悦；[④] 体验兴奋、逃避常规、关注健康、学习知识、团结、真实、威望、身体环境和感官吸引力。[⑤]

综上所述，研究者们普遍认为旅游动机是开展旅游活动的内在动力。在本研究中，将游客品尝让人恐惧食物的动机界定为，促使人们品尝让人恐惧的食物以及参加有关活动的主要内在驱动因素。

三、食物恐惧

（一）食物

Pliner[⑥]（1982）将食物分为新的、陌生的和熟悉的食物。Tuorila[⑦] 将食物分为五类：功能性食品、转基因食品、有机食品、营养改良食品和民族食品。如果只考虑维持生存，几乎所有地方的所有人都可以吃同样的食物，但是事实并非如此，不同地方的人有不同的饮食习俗，食物不仅满足人类的胃，还关乎人类的文化。不同的文化地域有不同的饮食习惯，不同的社会环境，同一文化也存在不同的饮食风格变量。社会文化对食物的分类，如"可吃""不

---

① CHANG R C, KIVELA J, MAK A H. Food preferences of Chinese tourists[J]. Annals of tourism research, 2010, 37（4）：989–1011.

② YUSUF M. Measuring tourist's motivations for consuming local Angkringan street food in Yogyakarta, Indonesia[J]. Journal of Indonesian tourism and development studies, 2017, 5（2）：65–72.

③ SU D N, JOHNSON L W, O'MAHONY B. Analysis of push and pull factors in food travel motivation[J]. Current issues in tourism, 2020, 23（5）：572–586.

④ MAK A H, LUMBERS M, EVES A, et al. The effects of food-related personality traits on tourist food consumption motivations[J]. Asia Pacific journal of tourism research, 2017, 22（1）：1–20.

⑤ KIM S H, HAN H S, HOLLAND S, et al. Structural relationships among involvement, destination brand equity, satisfaction and destination visit intentions: the case of Japanese outbound travelers[J]. Journal of vacation marketing, 2009, 15（4）：349–365.

⑥ PLINER P, HOBDEN K. Development of a scale to measure the trait of food neophobia in humans[J]. Appetite, 1992, 19（2）：105–129.

⑦ TUORILA H, LÄHTEENMÄKI L, POHJALAINEN L, et al. Food neophobia among the finns and related responses to familiar and unfamiliar foods[J]. Food quality and preference, 2001, 12（1）：29–37.

可吃""最偏爱""次喜欢"的食物，人类对食物的选择和喜好受到诸多因素的影响，如食物的感觉属性（味道、质地、颜色甚至声音等）；文化、象征及人事维度（冷—热、湿—干、男性—女性、重—轻、阴—阳、干净的—有毒的、成熟的—未成熟的、风味、辛辣、渴望等）、族群身份、文化适应和饮食结构、经济要素等。[①]

在烹饪原料中，从原料的来源可以分为动物性原料和植物性原料。Polák[②]认为动物恐惧症是最普遍的精神疾病之一，相对于非动物，人们更容易对动物性食物产生恐惧。[③]

1. 饮食人类学中的食物

饮食有着个人口味的好恶，更有着社会整体现象的意义，德国民俗学家贡特尔·希旭菲尔德（Guenter Hitzfeld）（译名，2004）指出饮食是一种文化行为，是经由文化传承而习得，个人饮食习惯的形成往往是由社会整体环境蕴化而成。从人类学视角看，人类对食物的选择理论主要存在两大派别：唯心派和唯物派。主张文化唯物主义的美国人类学家哈里斯（Marcin Harris）认为，不同族群对食物系列的选择首先取决于该种食物是否有利于吃（good to eat），即人们偏好的食物在实际收益和代价的平衡比人们所放弃的食物更优。以列维·斯特劳斯（Clande Levi-Strauss）为代表的结构主义人类学的解释相反，列维·斯特劳斯认为食物的选择首先取决于该物种是否有益于人类的思考（good to think），饮食的好恶源于"吃了符合于思考"，吃了心里舒服。具体而言，唯心派认为"食物，必先滋养群体的心智，而后才进入其空空的肚子""好的食物"在"吃起来好"之前必须"想到它好"。唯物论认为"食物是否有益于思考取决于它们有利于吃或不利于吃。食物必先填饱群体的肚子，然后才充实其精神"。

人类学家、考古学家张光直先生在《中国文化中的饮食——人类学与历

---

① 杨明华.饮食人类学视野下的肉食消费与文化生产[J].扬州大学烹饪学报，2014，31（1）：10-13.

② POLÁK J, RÁDLOVÁ S, JANOVCOVÁ M, et al. Scary and nasty beasts: Self-reported fear and disgust of common phobic animals[J]. British journal of psychology, 2020, 111（2）: 297-321.

③ PLINER P, PELCHAT M L. Neophobia in humans and the special status of foods of animal origin[J]. Appetite, 1991, 16（3）.

史学的透视》中，将饮食习惯作为文化的"一个重要的甚至决定性的标准来使用"，即把饮食当做文化过程而不是化学过程来研究。不同的文化有不同的饮食选择，在同一种文化的内部，饮食习惯也往往不同质——这是由于社会情境不同，如职业、阶级、性别等。

2.旅游中的食物

吃是旅游六要素中的重要组成部分，也是旅游支出和体验的重要组成部分。2014年，全球希尔顿酒店的一份调查报告显示，90%的人说他们会出去吃当地的名菜，87%的人说他们会去找当地的街头美食，79%的人会去寻找文化上独特的美食体验，如烹饪节日等。旅游中的食物主要有：葡萄酒、茶、美食节、农家乐、特色小吃、特色食物等。

游客品尝当地食物是旅游中必不可少的一个部分，旅游体验之一就是要寻求新奇，目的地的食物满足了游客新奇、冒险和了解当地文化的需求。[①] 旅游中的食物消费不仅满足日常饮食的需求，同时也是一种"强制性"消费，[②] 是必不可少的环节，是日常生活的一种延伸。旅游中的食物消费具有"强制性"和"象征性"双重特点，一方面，旅游中的食物消费是人的基本需求；另一方面，游客又希望通过旅游，来了解当地文化，接触当地人寻求真实的体验。[③] 游客对旅游目的地的食物产生了非常强的兴趣。

（二）恐惧

恐惧是个体为了适应环境和自我保护的需要而对新异性、伤害性和可能带来消极后果的危险刺激或情境进行反应时所有系统或要素的一种非线性动态加工过程。[④] 恐惧被定义为一种有机体对可能发生威胁的环境的准备反应，可能与厌恶情绪有关。研究人的心理发展规律的科学认为恐惧是对真实和想

---

① HJALAGER A M, RICHARDS G. Tourism and gastronomy［M］. London：Routledge，2003；LONG L M. Culinary tourism［M］. Lexington：University press of kentucky，2004.

② QUAN S, WANG N. Towards a structural model of the tourist experience：an illustration from food experiences in tourism［J］. Tourism management，2004，25（3）：297-305.

③ QUAN S, WANG N. Towards a structural model of the tourist experience：an illustration from food experiences in tourism［J］. Tourism management，2004，25（3）：297-305.

④ 刘海燕.青少年恐惧情绪再评价调节脑机制 FMRI 研究［D］. 北京：首都师范大学，2005.

象威胁的一种正常表现，是有机体发展的必要构成部分和个体适应能力的主要体现。[①]恐惧，一般指紧张、惧怕、惴惴不安，是人类和其他生物的心理活动状态，一般被视作情绪的一种表现。从心理学的角度来讲，恐惧是有机体企图摆脱、逃避某种情景而又无能为力的情绪体验，是个体缺乏处理、摆脱可怕情境的力量和能力而产生害怕的情绪。[②]恐惧感被认为是一种生物警觉系统的特别反应，为有机体逃离做准备。[③]当个体意识到潜在的威胁时，就产生了恐惧。Rachman[④]认为恐惧感是一种生存能力，包括由于疼痛和体内紊乱而引起毫无缘由的恐惧，是一种本能的应激反应。它是人们在意识到特定情境下潜在的危险或威胁，对该情境缺乏充分的了解或不受控制时产生的情绪，常伴有逃离该情境、回避该事件的行为反应。因此，恐惧是人们实现自我保护的反应之一，有利于生存的维持。[⑤]

在旅游中，恐惧作为一种情绪，是旅游体验的一个重要组成部分，在旅行中的不同阶段以不同的形式表现出来。在食物消费过程中，Cohen 和 Avieli[⑥]指出，人类受到生理以及文化的影响，食物消费是一种复杂的行为：异域的食物使一些旅游者充满了好奇感，人们会"食物求新"[⑦]；但是另一些人会对陌生的食物保持谨慎的态度，也就是"食物恐新"。

（三）食物恐惧

根据对恐惧的研究，恐惧可以是一种情绪，也可以指向具体的对象，而食物恐惧指的是某些因素会引起人们对食物的恐惧，是人们在意识到特定情

---

① GULLONE E. The development of normal fear: a century of researches [J]. Clinical psychology reviews, 2000, 20 (4): 429–451.

② 肖全民. 幼儿心理行为的教育诊断 [M]. 武汉：武汉大学出版社, 2017.

③ SILVERMAN W K, LA GRECA A M, WASSERSTEIN S. What do children worry about? Worries and their relation to anxiety [J]. Child development, 1995, 66 (3): 671–686.

④ RACHMAN S. Phobias: their nature and control [M]. Springfield: Charles C Thomas, 1968.

⑤ 孟昭兰. 人类情绪 [M]. 上海：上海人民出版社, 1989.

⑥ COHEN E, AVIELI N. Food in tourism: attraction and impediment [J]. Annals of tourism research, 2004, 31: 755–778.

⑦ CROMPTON J L, MCKAY S L. Motives of visitors attending festival events [J]. Annals of tourism research, 1997, 24 (2): 425–439.

境下潜在的食物危险或威胁，对该情境缺乏充分的了解或不受控制时产生的情绪，常伴有逃离该情境、回避该事件的行为反应。食物恐惧也是一种情绪，同时也指向具体的对象。食物恐惧与食物恐新（Food neophobia）、食物厌恶（Food disgust）、食物拒绝（Food rejection）和挑食（Picky）有密切的联系。

在已有的研究中，已经证明由于"杂食的悖论"，游客有"食物恐新"——人们怀疑或不喜欢新的、陌生的食物，躲避不熟悉的食物以实现自我保护，[①]人们对新的食物会感觉到害怕。但是除了"新"会引起恐惧外，食物的其他特质也会引起恐惧，如生食、[②]昆虫、[③]动物的头[④]等。在本研究中，食物恐惧不仅是一种情绪，更多的是具体内容，即哪些因素会引起人们对食物的恐惧，即游客对食物恐惧的感知构成。

四、目的地品牌资产

（一）品牌资产

成功的品牌是为公司及消费者创造价值的重要资产。自从20世纪90年代以来，品牌的资产问题已成为营销组织基于消费者观点的最关键话题之一，[⑤]被看作创造竞争市场优势和制定差异化营销策略的主要因素。品牌资产的核心特征是为产品或服务附加吸引力，促进品牌形象、品牌认知、品牌感知价值和提高忠诚度。但迄今为止，仍未形成广泛认可的概念，由于学者研究时的角度不同、目的不同、对品牌资产的界定不同，因此品牌资产构成维度、

---

① KNAAPILA A, TUORILA H, SILVENTOINEN K, et al. Food neophobia shows heritable variation in humans[J]. Physiology & behavior, 2007, 91（5）: 573–578; DOVEY T M, STAPLES P A, GIBSON E L, et al. Food neophobia and "picky/fussy" eating in children: a review[J]. Appetite, 2008, 50（2）: 81–193.

② GARCIA J, HANKINS W G. The evolution of bitter and the acquisition of toxiphobia[M]. New York: Academic Press, 1975.

③ TAN H S G, FISCHER A R, TINCHAN P, et al. Insects as food: exploring cultural exposure and individual experience as determinants of acceptance[J]. Food quality and preference, 2015, 42: 78–89.

④ FALLON A E, ROZIN P. The psychological bases of food rejections by humans[J]. ecology of food and nutrition, 1983, 13: 15–26.

⑤ AAKERD A. Managing brand equity[M]. New York: Free Press, 1991.

影响因素研究视角也不同。

Aaker[①]认为品牌资产为"与名称、品牌和标志相关联的，能够提升或降低企业销售的项目或提供服务的价值"。他认为品牌资产包括了五个方面：品牌意识、感知质量、品牌联想、品牌忠诚度及其他专有品牌资产。前三种被认为是资产的感性部分，品牌忠诚度被归类为行为部分。1992年，Aaker对品牌资产的概念进行了修订，指出品牌资产是一系列的资产与负债，与品牌名称和品牌符号相关，可以增加或减少产品或服务的价值，为消费者和企业带来利益。美国市场营销协会将品牌资产定义为"品牌客户、管道成员及其母公司等对品牌联想和行为的集合，能够使品牌获得比没有品牌更多的销量和更大的利益，并使该品牌具有强的差异化竞争优势"。

而国内对品牌资产的研究始于20世纪90年代。我国学者对其翻译存在差异，有的将"brand equity"翻译成商标资产，有的将其翻译成品牌权益，也有的将其翻译成品牌资产，目前品牌资产的概念已经成为共识。

关于品牌资产的话题主要包括财务角度、经济学角度、顾客角度[②]和综合角度等。财务的视角强调品牌为公司创造的金融资产价值，[③]是为了合并和兼并所需来评价品牌的财物价值。从顾客的视角，通过消费者的行为研究，确定目标市场及产品定位等问题。在营销领域，更倾向于从顾客的视角来界定品牌资产，认为品牌资产实质是一种基于或来源于消费者的资产。如Keller[④]提出了基于顾客的品牌资产创建理论，他认为，品牌资产是基于顾客的认知，以及由这个认知而产生的对企业的品牌营销所作出的相对于无品牌产品而言的差异性反应。假如此差异性反应的结果是积极且正面的，那么此品牌便具

① AAKERD A. Managing brand equity [M]. New York: Free Press, 1991.

② KELLER K L. Conceptualizing, measuring, and managing customer-based brand equity [J]. Journal of marketing, 1993, 57（1）: 1–22.

③ PIKE S, BIANCHI C, KERR G, et al. Consumer-based brand equity for Australia as a long-haul tourism destination in an emerging market [J]. International marketing review, 2010, 27（4）: 434–449; SIMON C J, SULLIVAN M W. The measurement and determinants of brand equity: a financial approach [J]. Marketing science, 1993, 12（1）: 28–52.

④ KELLER K L. Conceptualizing, measuring, and managing customer-based brand equity [J]. Journal of marketing, 1993, 57（1）: 1–22.

有正的资产。Keller[①] 指出品牌资产应该包括品牌的意识和品牌的形象。Lassar 等人[②] 认为绩效表现、价值感知、信赖价值、形象和许诺感是品牌资产的主要维度。

通过梳理国内外关于品牌资产的概念，发现主要包括财务视角和消费者视角，但是并未形成完整统一的框架体系。不同的学者对品牌资产认识的视角不同，反映出其构成的复杂性和内涵的丰富性。基于财务视角的品牌资产很难应用于旅游目的地，[③] 因此，在本研究中采用消费者视角的品牌资产，因为对旅游目的地而言，其收益主要来源于游客，如果不能吸引游客，其品牌也就失去了价值。

（二）目的地品牌资产

旅游目的地（以下简称"目的地"）是地理上的定义，拥有从自然到社会文化的资产集合。目的地是一种包括商品、服务和从当地获得旅游体验的集合体。

关于旅游目的地品牌资产（以下简称为"目的地品牌资产"）的探索是近几年的事情。[④] 国外学者对目的地品牌资产的概念关注较少，最早的目的地品牌资产研究是 Konecnik 和 Gartner 在 2007 年进行的，他从游客的视角界定目的地品牌资产，认为目的品牌资产是决定目的地品牌价值所有要素的集合体。目的地品牌资产指的是"与竞争对手相比，游客在目的地品牌中所处的总体效用可以被描述为关键因素的组合"。目的地品牌资产不仅突出功能价值和属性（即有形和可衡量的，如忠诚度），而且还考虑抽象属性（即心理属性和无

① KELLER K L. Conceptualizing, measuring, and managing customer-based brand equity [J]. Journal of marketing, 1993, 57 (1): 1–22.

② LASSAR W, MITTAL B, SHARMA A. Measuring customer-based brand equity [J]. Journal of consumer marketing, 1995, 12 (4): 11–19.

③ LASSAR W, MITTAL B, SHARMA A. Measuring customer-based brand equity [J]. Journal of consumer marketing, 1995, 12 (4): 11–19.

④ KAUSHAL V, SHARMA S, REDDY G M. A structural analysis of destination brand equity in mountainous tourism destination in northern India [J]. Tourism and hospitality research, 2019, 19 (4): 452–464; KLADOU S, KEHAGIAS J. Assessing destination brand equity: an integrated approach [J]. Journal of destination marketing & management, 2014, 3 (1): 2–10.

形属性，如游客与目的地之间的情感联系）。

Blain，Levy 和 Ritchie [①] 则表示目的地品牌资产是由名称、符号等组成的集合体，以便游客能简易地进行认识和辨别；是目的地加固和增强与游客的情感联系的方法，并可降低游客的感知风险和寻找成本。目的地品牌资产其实是关系资产的一种，其价值主要来源于与游客的关系，以及通过满足游客的情感需要，使游客从心理上得到认可。

目的地品牌资产是金字塔式的构成，即何为品牌，品牌的作用以及品牌的意义。

国内研究者也从不同视角对目的地品牌资产进行界定：崔凤军、顾永键 [②] 从财务视角对目的地品牌资产进行了研究，认为景区品牌资产是与景区品牌、名称、标志等有重要联系的一个资产或负债集合，能够显著影响景区商品或服务。沈鹏熠 [③] 提出了基于游客的目的地品牌资产概念，指出目的地品牌资产是游客在旅游活动过程中，因旅游目的地品牌认知而对目的地各种营销活动，在心理认知、主观情感、态度及行为方面产生的差异化反应。

在本文中，目的地品牌资产是指美食旅游目的地的品牌资产，是美食旅游者受旅游动机的影响，对旅游目的地品牌的认知、情感、态度所产生的差异化反应。在此定义中，目的地品牌资产的维度包括了目的地品牌形象、目的地品牌知名度、目的地感知质量、目的地品牌忠诚以及整体的目的地品牌资产。同时，本研究的视角是基于顾客的品牌资产。

五、目的地满意度

20世纪70年代，游客满意度开始引起国外学者的关注，集中于探索满意度产生时的期望差异理论。满意度指的是"消费者对先前期望与产品实

① BLAIN C, LEVY S E, RITCHIE R B. Destination branding: insights and practices from destination management organizations [J]. Journal of travel research, 2005, 43: 328-338.

② 崔凤军，顾永键. 景区型目的地品牌资产评估的指标体系构建与评估模型初探 [J]. 旅游论坛, 2009, 2（1）: 67-71.

③ 沈鹏熠. 旅游目的地品牌资产的结构及其形成机理：基于目的地形象视角的实证研究 [J]. 经济经纬, 2014, 31（1）: 112-117.

际性能之间感知差异的评价的反应，这是在其消费后感知到的"。满意度是"基于相关品牌随时间推移的整体购买和消费体验对产品或服务的一般评估"①。最早有关满意度的研究起源于服务范畴，主要来源于顾客满意度理论。"满意度指的是受众对产品或服务的评价，在多大程度上满足受众的愉悦感和满足感。"②关于满意度，也有学者从期望差异理论来理解。Pizam等人（1978）指出旅游者将旅游的实际感受和期望进行比较，当实际感受大于期望时，则满意。

目的地满意度指的是"特定旅游目的地或活动满足游客需求和期望的能力"③，是旅游前的期望和旅行后的体验的函数，与预期相比的经验导致满足感时，游客会感到满意，反之，游客则不满意。目的地满意度是通过游览目的地使客人达到的总体愉悦度，是游客对整体体验的评价。④在本研究中，我们采用Noe和Uysal⑤的定义，目的地满意度指的是旅游目的地满足美食旅游者需求的程度。

---

① QI J Y, ZHOU Y P, CHEN W J, et al. Are customer satisfaction and customer loyalty drivers of customer lifetime value in mobile data services: a comparative cross-country study〔J〕. Information technology and management, 2012, 13（4）: 281-296.

② CHANG C C. Exploring mobile application customer loyalty: the moderating effect of use contexts〔J〕. Telecommunications policy, 2015, 39（8）: 678-690.

③ NOE F P, UYSAL M. Evaluation of outdoor recreational settings: a problem of measuring user satisfaction〔J〕. Journal of retailing and consumer services, 1997, 4（4）: 223-230; DEL BOSQUE I R, SAN MARTÍN H. Tourist satisfaction: a cognitive-affective model〔J〕. Annals of tourism research, 2008, 35（2）: 551-573.

④ CHEN C F, TSAI D C. How destination image and evaluative factors affect behavioral intentions?〔J〕. Tourism management, 2007, 28（4）: 1115-1122; LOU L, TIAN Z, KOH J. Tourist satisfaction enhancement using mobile QR code payment: an empirical investigation〔J〕. Sustainability, 2017, 9（7）: 1186.

⑤ NOE F P, UYSAL M. Evaluation of outdoor recreational settings: a problem of measuring user satisfaction〔J〕. Journal of retailing and consumer services, 1997, 4（4）: 223-230.

第二节 研究现状综述

一、美食旅游的研究现状综述

21世纪初，学者开始关注对美食旅游的研究。2000年，第一届本土美食与旅游会议在塞浦路斯举行，大量会议文献指出应该依托地方美食开展旅游活动，将地方美食打造成独特的吸引物。[①] 自此，大量学者开始围绕美食旅游进行相关的学术研究，对美食旅游的游客行为研究更是成为一个关键的领域。[②] 通过查阅相关文献所知，美食旅游的研究主要集中在游客体验和对目的地影响[③] 等方面，具体如下。

首先，对美食旅游研究的视角主要有游客视角（需求方）和目的地视角（供给方）（Anderson，Mossberg and Therkelsen，2017）。表2.3列出了美食旅游研究的主要视角：

表2.3 美食旅游主要研究主题

视角	主题	作者
供给方	食物在旅游目的地体验中的贡献或地位	Au and Law，2002；[④] Kivela and Crotts，2009[⑤]

① 管婧婧.国外美食与旅游研究述评：兼谈美食旅游概念泛化现象 [J]. 旅游学刊,2012,27（10）：85–92.

② KIM Y G，EVES A，SCARLES C. Empirical verification of a conceptual model of local food consumption at a tourist destination [J]. International journal of hospitality management，2013，33：484–489.

③ KIVELA J，CROTTS J C. Tourism and gastronomy：gastronomy's influence on how tourists experience a destination [J]. Journal of hospitality & tourism research，2006，30（3）：354–377.

④ AU N，LAW R. Categorical classification of tourism dining [J]. Annals of tourism research，2002，29（3）：819–833.

⑤ KIVELA J J，CROTTS J C. Understanding travelers' experiences of gastronomy through etymology and narration [J]. Journal of hospitality & tourism research，2009，33（2）：161–192.

续表

视角	主题	作者
供给方	食物作为旅游目的地营销工具或目的地认同	Harrington，2006； Hjalager and Corigliano，2000①
供给方	供给链与食物系统；食物与饮品效应之间关系的测量	Hall and Sharples，2003；② Smith and Xiao，2008③
供给方	案例研究，并为食物旅游供给方提供旅游发展策略	Boyne and Hall，2003；④ Harrigton，2013；Star, Rolfe and Brown，2020⑤
供给方	全球化、地方化以及同质化视野下对食物旅游发展的研究	Hall and Mitchell，2001； Mark et al.，2012⑥
供给方	波特的价值链理论研究了烹饪旅游对旅游目的地的社会经济发展和文化振兴的贡献	Wondirad，Kebete and Li，2021⑦
需求方	美食旅游者类型划分	Kivela and Crotts，2006；⑧ Okumus and Okumus，2008⑨

---

① HJALAGER A M, CORIGLIANO M A. Food for tourists-deter-minants of an image[J]. International journal of tourism research, 2000, 2（4）: 281–293.

② HALL C M, SHARPLES L, MITCHELL R, et al. Food tourism around the world: development, management and markets[M]. Oxford, UK: Butterworth-Heinemann, 2003.

③ SMITH S L J, XIAO H G. Culinary tourism supply chains: a preliminary examination[J]. Journal of travel research, 2008, 46（3）: 289–299.

④ BOYNE S, HALL D, WILLIAMS F. Policy, support and promotion for food-related tourism initiatives: a marketing approach to regional development[J]. Journal of travel & tourism marketing, 2003, 14（3/4）: 131–154.

⑤ STAR M, ROLFE J, BROWN J. From farm to fork: is food tourism a sustainable form of economic development?[J]. Economic analysis and policy, 2020, 66: 325–334.

⑥ MAK A H, LUMBERS M, EVES A, et al. The effects of food-related personality traits on tourist food consumption motivations[J]. Asia Pacific journal of tourism research, 2017, 22（1）: 1–20.

⑦ WONDIRAD A, KEBETE Y, LI Y. Culinary tourism as a driver of regional economic development and socio-cultural revitalization: evidence from amhara national regional state, ethiopia[J]. Journal of destination marketing & management, 2021, 19: 100482.

⑧ KIVELA J, CROTTS J C. Tourism and gastronomy: gastronomy's influence on how tourists experience a destination[J]. Journal of hospitality & tourism research, 2006, 30（3）: 354–377.

⑨ OKUMUS B, OKUMUS F, MCKERCHER B. Incorporating local and international cuisines in the marketing of tourism destinations: the cases of Hong Kong and Turkey[J]. Tourism management, 2007, 28（1）: 253–261.

续表

视角	主题	作者
需求方	哪些因素会影响美食旅游体验、美食旅游满意度和选择餐厅等	Chang, 2011; Ji Wong, Eves and Scarles, 2016; Kim, Eves and Scarles, 2013; Fields, 2002; Kim and Eves, 2012; Martin, IzquierdoandLaguna-Garcia, 2021; Jeaheng and Han, 2020
供给双方	游客和目的地的共创活动	Park and Widyanta, 2022; Rachão, 2021

资料来源：本研究整理。

其次，美食旅游体验的影响因素研究。近年来，大量的研究集中探讨旅游者饮食消费的影响因素并提出相应的概念模型，研究的重点主要集中在动机、人口统计学特征以及个体的饮食心理因素等。Fields（2002）指出游客饮食消费的动机包括身体、文化、人际、地位和声望四个方面。Kim 等人（2009）基于扎根理论研究影响旅游者消费当地食物的情况，提出了八项动机因素。Mak 等人[1]将美食旅游的动机分为象征性的、强制性的、对比的、延伸的和快乐的。在旅游者的人口统计学特征研究中，Tse 和 Crotts[2]的研究显示，随着旅游者的年龄越大，目的地饮食的选择范围越窄。Wadolowska 等人[3]认为游客的受教育程度、社会地位和工作性质对饮食产生重大影响。Kim 等人[4]认为性别、年龄、受教育程度、国别都会影响旅游饮食消费模式。在个性饮食心理

---

[1] MAK A H, LUMBERS M, EVES A, et al. An application of the repertory grid method and generalised Procrustes analysis to investigate the motivational factors of tourist food consumption [J]. International journal of hospitality management, 2013, 35: 327-338.

[2] TSE P, CROTTS J C. Antecedents of novelty seeking: international visitors' propensity to experiment across Hong Kong's culinary traditions [J]. Tourism management, 2005, 26 (6): 965-968.

[3] WADOLOWSKA L, BABICZ-ZIELINSKA E, CZARNOCINSKA J. Food choice models and their relation with food preferences and eating frequency in the Polish population: POFPRES study [J]. Food policy, 2008, 33 (2): 122-134.

[4] KIM Y G, EVES A. Construction and validation of a scale to measure tourist motivation to consume local food [J]. Tourism management, 2012, 33 (6): 1458-1467.

特征方面，Mak 等人[①] 提出的个性饮食心理的两大特征"食物恐新"和"食物求新"决定了游客对食物的态度和选择；两种对立的食物消费心理特征正是"杂食悖论"的体现。Cohen 和 Avieli[②] 指出，当地美食可能是一种吸引物，但是由于食物恐新，饮食资源也可能是一种障碍。Kim 等人[③] 探讨了新的食物恐惧、食物参与、旅游忠诚度和旅游满意度的关系，指出新的食物恐惧对旅游满意度和旅游忠诚度有消极的影响。Chang 等人[④] 指出，游客还倾向于寻求多样化。

再次，美食旅游促进了当地经济的发展，主要体现在营销和当地经济发展方面。目的地独特的食物已经成为游客决定是否出行的关键因素，[⑤] 美食更是促进目的地可持续发展的重要拉力。[⑥] 具有地方性美食对当地的旅游发展起到很大的作用。预测与实际进行对比，发现旅游者饮食消费对香港旅游业具有重要的作用。Sims[⑦] 探讨了当地食物与乡村旅游之间的关系，结果发现游客消费当地饮食的行为对当地乡村旅游的可持续发展具有至关重要的作用。袁文军等[⑧] 认为美食对目的地建设、非物质文化遗产保护、市场营销和推广具有重要意义。陆红娟[⑨] 认为，特色旅游产业助推了民族饮食文化的传播，并以湘

---

① MAK A H, LUMBERS M, EVES A, et al. An application of the repertory grid method and generalised Procrustes analysis to investigate the motivational factors of tourist food consumption[J]. International journal of hospitality management, 2013, 35: 327-338.

② COHEN E, AVIELI N. Food in tourism: attraction and impediment[J]. Annals of tourism research, 2004, 31: 755-778.

③ KIM Y G, EVES A, SCARLES C. Empirical verification of a conceptual model of local food consumption at a tourist destination[J]. International journal of hospitality management, 2013, 33: 484-489.

④ CHANG R C, KIVELA J, MAK A H. Food preferences of Chinese tourists[J]. Annals of tourism research, 2010, 37 (4): 989-1011.

⑤ KIVELA J, CROTTS J C. Tourism and gastronomy: gastronomy's influence on how tourists experience a destination[J]. Journal of hospitality & tourism research, 2006, 30 (3): 354-377.

⑥ SHARPLES L. The world of cookery-school holidays [M] //HALL C M, et al. Food tourism around the world: development, management and markets. Oxford: Butterworth-Heinemann, 2003: 102-120.

⑦ SIMS R. Putting place on the menu: the negotiation of locality in UK food tourism, from production to consumption[J]. Journal of rural studies, 2010, 26 (2): 105-115.

⑧ 袁文军，晋孟雨，石美玉. 美食旅游的概念辨析：基于文献综述的思考[J]. 四川旅游学院学报，2018 (2): 37-41.

⑨ 陆红娟. 特色旅游产业助推下的民族饮食文化的传播[J]. 食品工业，2020, 4 (8): 419-420.

西摆茶、藏族糌粑、内蒙古奶贝、傣族手抓饭等为例进行了分析。美食是城市形象的重要组成部分，在广州、深圳，特色美食是城市形象的重要组成部分。[①]Wondirad，Kebete 和 Li[②] 用波特的价值链理论研究了烹饪旅游对目的地的社会经济发展和文化振兴的贡献，认为提供正宗的烹饪产品也能够体现当地文化，进而展现出积极的目的地形象。

最后，美食旅游对目的地品牌资产的影响。Hernandez-Rojas，Folgado-Fernandez 和 Palos-Sanchez[③] 对访问西班牙的游客进行调查，发现目的地餐馆的形象积极地影响了游客推荐和返回目的地的意图，美食对游客的情绪和未来的行为产生积极影响，[④] 游客的情绪是影响旅游整体体验和忠诚度的重要因素。食物是一种战略管理工具，可以重新创造目的地形象。[⑤]Okumus 等人[⑥]认为当地美食是建立和提升目的地形象和品牌的有效工具。认为当游客享受到正宗的、高质量的美食时，会形成难忘的美食体验，从而提高其对目的地的评价和忠诚度。正宗、传统菜肴是美食旅游者追求的美食体验之一，高质量的传统菜肴是吸引游客再次访问该地的重要因素之一。[⑦] 参与者的动机、时间压力和之前的节日知识在塑造一个有利的烹饪目的地形象方面发挥了作用，

---

① 钱凤德，丁娜，沈航.青年群体视阈下特色美食对城市形象感知的影响：以广州、深圳、香港为例[J].美食研究，2020，37（3）：30—36.

② WONDIRAD A，KEBETE Y，LI Y. Culinary tourism as a driver of regional economic development and socio-cultural revitalization：evidence from amhara national regional state，ethiopia[J]. Journal of destination marketing & management，2021，19：100—482.

③ HERNANDEZ-ROJAS R D，FOLGADO-FERNANDEZ J A，PALOS-SANCHEZ P R. Influence of the restaurant brand and gastronomy on tourist loyalty. a study in Córdoba（Spain）[J]. International journal of gastronomy and food science，2021，23：100—305.

④ PRAYAG G，HOSANY S，MUSKAT B，et al. Understanding the relationships between tourists' emotional experiences，perceived overall image，satisfaction，and intention to recommend[J]. Journal of travel research，2017，56（1）：41-54.

⑤ FOX R. Reinventing the gastronomic identity of Croatian tourist destinations[J]. International journal of hospitality management，2007，26（3）：546-559.

⑥ OKUMUS B，OKUMUS F，MCKERCHER B. Incorporating local and international cuisines in the marketing of tourism destinations：The cases of Hong Kong and Turkey[J]. Tourism management，2007，28（1）：253-261.

⑦ AGARWAL R，DAHM M J. Success factors in independent ethnic restaurants[J]. Journal of food service and business research，2015，18：20-33.

而这反过来又吸引了游客重新光顾。Jiang 等人[①] 提出文化差异可能导致不同的饮食体验和目的地品牌资产评估。Horng 等人[②] 指出美食旅游体验促进了目的地品牌资产的构造，但食物质量差和服务失误会对健康造成负面影响，扰乱旅行，损害目的地声誉。[③] 对目的地食物消费的不满会对游客的整体旅游体验产生消极影响，甚至使他们产生马上离开目的地的想法。[④]

综上所述，在以往的美食旅游中，首先研究者更多的是从供给方的视角来探讨，而从需求方视角的研究不足[⑤]；其次研究者关注的是美食（即美好的食物），对于黑暗料理和恐怖的食物研究缺少，只有 Gyimóthy 和 Mykletun[⑥] 利用定性研究方法验证了"羊头餐（Smalahove）"提升挪威沃斯地区作为一个目的地的形象，因为它使游客得到了既熟悉又陌生，既安心又有挑战的体验。[⑦] 在旅游中，食物既是一种吸引物，同时也是一种障碍物。[⑧] 根据人类学的观点，人们对食物存在"恐新"和"求新"两种现象（Fischler，1988）。异域食物可能是一种矛盾的吸引力：它不仅吸引人，而且使人感到陌生，甚至会引发

① JIANG W H, LI Y Q, LIU C H, et al. Validating a multidimensional perspective of brand equity on motivation, expectation, and behavioural intention: a practical examination of culinary tourism[J]. Asia Pacific journal of tourism research, 2017, 22（5）: 524–539.

② HORNG J S, LIU C H, CHOU H Y, et al. Understanding the impact of culinary brand equity and destination familiarity on travel intentions[J]. Tourism management, 2012, 33（4）: 815–824.

③ PENDERGAST D. Tourist gut reactions: food safety and hygiene issues[M] //Tourism in turbulent times: towards safe experiences for visitors. London: Routledge, 2006: 143–154.

④ NIELD K, KOZAK M, LEGRYS G. The role of food service in tourist satisfaction[J]. International journal of hospitality management, 2000, 19（4）: 375–384.

⑤ 黄子璇. 旅游者对目的地美食形象感知及行为意向影响因素研究: 以成都市为例[D]. 南京: 南京师范大学, 2019; CHANG R C, KIVELA J, MAK A H. Food preferences of Chinese tourists[J]. Annals of tourism research, 2010, 37（4）: 989–1011; KIM Y G, EVES A. Construction and validation of a scale to measure tourist motivation to consume local food[J]. Tourism management, 2012, 33（6）: 1458–1467.

⑥ GYIMÓTHY S, MYKLETUN R J. Scary food: commodifying culinary heritage as meal adventures in tourism[J]. Journal of vacation marketing, 2009, 15（3）: 259–273.

⑦ GYIMÓTHY S, MYKLETUN R J. Scary food: commodifying culinary heritage as meal adventures in tourism[J]. Journal of vacation marketing, 2009, 15（3）: 259–273.

⑧ COHEN E, AVIELI N. Food in tourism: attraction and impediment[J]. Annals of tourism research, 2004, 31: 755–778.

恐惧，^① 既是一种吸引物，但是也会引起恶心。^②

从体验的角度来看，在希望尝试新口味和避免不愉快的口味之间存在着一种紧张关系。^③ 可怕的异域食物不仅会引起恐惧或厌恶等情绪反应，还会引起刺激和享受，这取决于经验、个性，尤其是旅行动机等因素。^④ 因此，有必要研究美食旅游中，游客品尝让人恐惧的食物对目的地品牌资产的感知影响，品尝让人恐惧的食物的动机对目的地品牌资产的影响。

二、动机的研究现状综述

在20世纪60年代，关于旅游动机的研究已经引起了学者的关注，但是每一种旅游活动都具有其特殊性，所以有必要在不同领域对旅游动机进行实证研究。^⑤ 近年来，学者开始研究游客品尝当地食物^⑥ 和参与美食节的动机。根据Kim等^⑦的研究表明，在食物旅游动机中的推动因素包括知识与学习、乐趣与新体验、与家人放松。Fields^⑧ 从类型来探讨旅游动机，提出了旅游食物消

---

① TUORILA H, MEISELMAN H L, BELL R, et al. Role of sensory and cognitive information in the enhancement of certainty and linking for novel and familiar foods［J］. Appetite, 1994, 23（3）: 231–246.

② ALI A E. A semiotic approach to entomophagy the language, localization, and reimagining of insects as food stuffs in America［J］. Perspective of global development technology, 2016, 15: 391–405.

③ GYIMÓTHY S, MYKLETUN R J. Scary food: commodifying culinary heritage as meal adventures in tourism［J］. Journal of vacation marketing, 2009, 15（3）: 259–273.

④ CROMPTON J L. An assessment of the image of Mexico as a vacation destination and the influence of geographical location upon that image［J］. Journal of travel research, 1979, 17（4）: 18–23; LEE T H, CROMPTON J. Measuring novelty seeking in tourism［J］. Annals of tourism research, 1992, 19（4）: 732–751.

⑤ CHANG C C. Exploring mobile application customer loyalty: the moderating effect of use contexts［J］. Telecommunications policy, 2015, 39（8）: 678–690.

⑥ KIM Y G, EVES A, SCARLES C. Building a model of local food consumption on trips and holidays: a grounded theory approach［J］. International journal of hospitality management, 2009, 28（3）: 423–431.

⑦ KIM Y G, EVES A. Construction and validation of a scale to measure tourist motivation to consume local food［J］. Tourism management, 2012, 33（6）: 1458–1467.

⑧ FIELDS K. Demand for the gastronomy tourism product: motivational factors［M］//HJALAGER A M, RICHARDS G. Tourism and gastronomy. London: Routledge, 2002: 36–50.

费的四个动机因素：身体、文化、人际、地位和威望。Chang 等人 ① 提出品尝
当地食物是一种"高峰旅游体验"，可以满足象征体验需求，但不足以满足生
理需求。游客的食物消费动机包括探索当地文化，寻求真实的旅行体验，追
求学习和教育机会，获得威望和地位的愿望，参照群体的影响，主观假设和
偏见。Su 等人 ② 从吃货角度探讨了吃货们的美食旅游推动动机包括美味的食物、
社会交往、文化体验。表2.4列出了游客品尝食物的动机。

表2.4　游客品尝食物的动机汇总

领域	维度	提出者
食物	身体；文化；人际；地位和声望	Fields，2002③
当地食物	兴奋体验；逃避常规；健康关注；学习知识；真实体验；团结；威望；感官吸引力和身体环境	Kim，2009④
当地食物	文化体验；人际关系；兴奋；感官吸引力；健康关注	Kim，2012⑤
当地食物	探索当地文化；寻求真实的旅行体验；追求学习、教育机会；获得威望和地位的愿望；参照群体的影响；主观假设和偏见	Chang et al.，2010⑥

① CHANG R C，KIVELA J，MAK A H. Food preferences of Chinese tourists［J］. Annals of tourism research，2010，37（4）：989-1011.

② SU D N，JOHNSON L W，O'MAHONY B. Will foodies travel for food? Incorporating food travel motivation and destination foodscape into the theory of planned behavior［J］. Asia Pacific journal of tourism research，2020，25（9）：1012-1028.

③ FIELDS K. Demand for the gastronomy tourism product：motivational factors［M］// HJALAGER A M，RICHARDS G. Tourism and gastronomy. London：Routledge，2002：36-50.

④ KIM S H，HAN H S，HOLLAND S，et al. Structural relationships among involvement，destination brand equity，satisfaction and destination visit intentions：the case of Japanese outbound travelers［J］. Journal of vacation marketing，2009，15（4）：349-365.

⑤ KIM S，KIM M，AGRUSA J，et al. Does a food-themed TV drama affect perceptions of national image and intention to visit a country? An empirical study of Korea TV drama［J］. Journal of travel & tourism marketing，2012，29（4）：313-326.

⑥ CHANG R C，KIVELA J，MAK A H. Food preferences of Chinese tourists［J］. Annals of tourism research，2010，37（4）：989-1011.

续表

领域	维度	提出者
当地的食物酒水	象征性的（真实体验和声望）；强制性的（健康关注、价格）；对比的（求新）；延伸的（与日常生活习惯一致）和快乐的（感官快感、情境愉悦）	Mak，2013[①]
当地食物	七个维度：求新；真实体验和声望；人际交往和文化；价格和质量保证；健康关注；一致的饮食习惯；感官和情境愉悦	Mak，2017[②]
目的地食物	三个推动因素：学习与联系；文化体验；品尝美食	Su，2020b[③]
街边食物	文化体验；感官吸引力；媒体报道；兴奋；健康关注	Yusuf，2017[④]

资料来源：本研究整理。

本研究结合学者关于美食动机的研究，提出人们品尝让人害怕的食物的动机见表2.5：

表2.5 品尝让人害怕的食物的动机

构成	定义	参考文献
兴奋体验	通过参与一些未知风险或不寻常的休闲或旅行活动来创造令人兴奋的体验	Mayo and Jarvis，1981；Pizam，2004

① MAK A H, LUMBERS M, EVES A, et al. An application of the repertory grid method and generalised Procrustes analysis to investigate the motivational factors of tourist food consumption[J]. International journal of hospitality management, 2013, 35: 327-338.
② MAK A H, LUMBERS M, EVES A, et al. The effects of food-related personality traits on tourist food consumption motivations[J]. Asia Pacific journal of tourism research, 2017, 22（1）: 1-20.
③ SU D N, JOHNSON L W, O'MAHONY B. Will foodies travel for food? Incorporating food travel motivation and destination foodscape into the theory of planned behavior[J]. Asia Pacific journal of tourism research, 2020, 25（9）: 1012-1028.
④ YUSUF M. Measuring tourist's motivations for consuming local Angkringan street food in Yogyakarta, Indonesia[J]. Journal of Indonesian tourism and development studies, 2017, 5（2）: 65-72.

续表

构成	定义	参考文献
学习知识	通过研学、艺术展演、文化旅游、节日、历史遗迹和纪念碑、民俗和朝拜获得知识	Crompton and McKay, 1997;[①] Kerstetter et al., 2001;[②] McIntosh et al., 1995[③]
真实体验	真正的、正宗的、独特的旅游体验	Crompton and McKay, 1997;[④] Kerstetter et al., 2001;[⑤] McIntosh et al., 1995;[⑥] Wang, 1999
求新	寻求新奇、冒险	Hjalager and Richards, 2003;[⑦] Long, 2004;[⑧] Mak et al., 2017[⑨]

资料来源：本研究整理。

首先，根据 Pizam 等人[⑩]的观点，认为兴奋动机是评估从事冒险、冲动活动欲望的最重要的预测因素，兴奋是一种心理结果。品尝外国或者是不熟悉

---

① CROMPTON J L, MCKAY S L. Motives of visitors attending festival events [J]. Annals of tourism research, 1997, 24（2）: 425–439.

② KERSTETTER D L, CONFER J J, GRAEFE A R. An exploration of the specialization concept within the context of heritage tourism [J]. Journal of travel research, 2001, 39（3）: 267–274.

③ MCINTOSH R W, GOELDNER C R, RITCHIE J R B. Tourism principles, practices, philosophies（7th ed.）[M]. New York: Wiley, 1995.

④ CROMPTON J L, MCKAY S L. Motives of visitors attending festival events [J]. Annals of tourism research, 1997, 24（2）: 425–439.

⑤ KERSTETTER D L, CONFER J J, GRAEFE A R. An exploration of the specialization concept within the context of heritage tourism [J]. Journal of travel research, 2001, 39（3）: 267–274.

⑥ MCINTOSH R W, GOELDNER C R, RITCHIE J R B. Tourism principles, practices, philosophies（7th ed.）[M]. New York: Wiley, 1995.

⑦ HJALAGER A M, RICHARDS G. Tourism and gastronomy [M]. London: Routledge, 2003.

⑧ LONG L M. Culinary tourism [M]. Lexington: University Press of Kentucky, 2004.

⑨ MAK A H, LUMBERS M, EVES A, et al. The effects of food-related personality traits on tourist food consumption motivations [J]. Asia Pacific journal of tourism research, 2017, 22（1）: 1–20.

⑩ PIZAM A, SUSSMANN S. Does nationality affect tourist behavior? [J]. Annals of tourism research, 1995, 22（4）: 901–917.

的食物的欲望或意愿更多是来自兴奋的需求。① 一些研究表明，兴奋或好奇的感觉可以唤起对这种食物体验的期望，吃以前没有吃过的食物，是目的地令人兴奋的体验之一。②

其次，学习知识和真实体验是游客品尝当地食物的文化动机。③ Fields④指出"当人们在体验当地食物的时候，实际上也是在体验一种新的文化"。旅游中的文化体验包括获得知识（如了解历史，熟悉不同国家）和真实的体验（如新的、独特的旅行体验），是人们参加节庆和当地休闲活动的动机。⑤ 地区文化可以通过当地食物来体现，"食物是一种文化过程，因为它对消费食物的人具有文化意义"⑥。各国在食材使用、制作方法、烹饪和保存食物等方面的差异，体现了传统性和真实性。⑦ 在美食旅游中，游客有机会了解当地的饮食文化，并通过当地的食物体验获得关于当地人吃喝方式的知识。⑧

最后，旅游体验之一就是要寻求新奇，目的地的食物满足了游客的好奇

① OTIS L P. Factors influencing the willingness to taste unusual foods [J]. Psychol reports, 1984, 54 (3): 739–745.

② KIM S H, HAN H S, HOLLAND S, et al. Structural relationships among involvement, destination brand equity, satisfaction and destination visit intentions: the case of Japanese outbound travelers [J]. Journal of vacation marketing, 2009, 15 (4): 349–365.

③ KIM S H, HAN H S, HOLLAND S, et al. Structural relationships among involvement, destination brand equity, satisfaction and destination visit intentions: the case of Japanese outbound travelers [J]. Journal of vacation marketing, 2009, 15 (4): 349–365.

④ FIELDS K. Demand for the gastronomy tourism product: motivational factors [M] //HJALAGER A M, RICHARDS G. Tourism and gastronomy. London: Routledge, 2002: 36–50.

⑤ KIM S, KIM M, AGRUSA J, et al. Does a food-themed TV drama affect perceptions of national image and intention to visit a country? An empirical study of Korea TV drama [J]. Journal of travel & tourism Marketing, 2012, 29 (4): 313–326.

⑥ AU N, LAW R. Categorical classification of tourism dining [J]. Annals of tourism research, 2002, 29 (3): 819–833.

⑦ FIELDS K. Demand for the gastronomy tourism product: motivational factors [M] //HJALAGER A M, RICHARDS G. Tourism and gastronomy. London: Routledge, 2002: 36–50; KIM S H, HAN H S, Holland S, et al. Structural relationships among involvement, destination brand equity, satisfaction and destination visit intentions: the case of Japanese outbound travelers [J]. Journal of vacation marketing, 2009, 15 (4): 349–365.

⑧ GETZ D R, RICHARD N S. "Foodies" and their travel preferences [J]. Tourism analysis, 2014, 19 (6): 659–672.

心、冒险精神和了解当地文化的需求，[①] 因此，游客对目的地的食物有非常强的兴趣，旅游食物消费是旅游活动和旅游动机之一。通过品尝当地的食物，游客不仅满足了自身的生理需求，同时，也可以了解当地饮食方式、风味和文化，[②] 了解当地食物背后的象征意义。[③] 当地食物具有"地方性"和"真实性"的特点，品尝当地的食物提供了一个与当地的生活文化接触的机会，看到背后的旅游"生产"，并实现真实的体验。[④] 全球希尔顿酒店发布的数据显示：90% 的人说他们会出去吃当地的名菜，87% 的人说他们会去找当地的街头美食，79% 的人会去寻找文化上独特的美食体验，比如，烹饪节日。"羊头餐"（Smalahove）的成功是因为它让游客得到了熟悉又陌生，令人安心却充满挑战、冒险的体验。[⑤]

综上所述，在已有的研究中，学者大部分都只关注游客品尝当地食物的动机，而对具体的食物，如有关让人恐惧的食物的品尝动机研究甚少。为了填补此空白，在本研究中，提出游客品尝让人恐惧的食物的动机主要有：兴奋体验、学习知识、真实体验和求新。

三、食物恐惧的研究现状综述

（一）恐惧的研究现状

通过对恐惧定义的回顾，梳理国内外有关文献，对恐惧的研究主要集中在三个方面：恐惧的性质、恐惧的内容和结构以及恐惧产生的原因。

1.恐惧情绪

恐惧被认为是人类所产生的三大情绪之一。按照社会发展的观点，人们

---

① HJALAGER A M, RICHARDS G. Tourism and gastronomy［M］. London：Routledge, 2003；LONG L M. Culinary tourism［M］. Lexington：University Press of Kentucky, 2004.

② MAK A H, LUMBERS M, EVES A. Globalisation and food consumption in tourism［J］. Annals of tourism research, 2012, 39（1）：171-196.

③ CHANG R C Y, KIVELA J, MAK A H N. Attributes that influence the evaluation of travel dining experience：when East meets West［J］. Tourism management, 2011, 32（2）：307-316.

④ COHEN E, AVIELI N. Food in tourism：attraction and impediment［J］. Annals of tourism research, 2004, 31：755-778.

⑤ GYIMÓTHY S, MYKLETUN R J. Scary food：commodifying culinary heritage as meal adventures in tourism［J］. Journal of vacation marketing, 2009, 15（3）：259-273.

产生恐惧情绪是不可回避的。一般指紧张、惧怕、惴惴不安，是人类和其他生物的心理活动状态，一般视作情绪的一种表现。依据情绪理论，情绪可以分为积极的和消极的，恐惧属于消极的情绪。在心理学研究中，恐惧是人类试图摆脱、逃离某种情景但又毫无能力的一种情绪体验。恐惧是有机体感觉到的，其感觉带有主观性。[1]但是，作为一种个人情感，恐惧在情感人类学里更多地被看成是习得的、社会建构的，是被文化、制度、习俗所模塑的一种存在。[2]当遇到真实的、想象的、被构建的恐怖物时，便出现了恐惧。

恐惧是有机体对可能发生威胁的环境的准备反应，可能与厌恶情绪有关。恐惧和厌恶是两种不同的情绪反应，但是可能会产生相同的回避动机，相对于恐惧，厌恶引发的行为更难以改变。

恐惧是无法避免的现实，它有时候是一种有益的情绪和情感反应，可以对潜在的危害发出警告。David（1986）指出恐惧不是一种异常，是不可以消除的。恐惧表现出的反应是对产生的威胁展现出高度的警惕。恐惧是源于人类自身对事物的不了解、不确定，因此要加深对事物的了解，扩大视野，识别恐惧源。

2.恐惧的内容与结构

恐惧不仅仅是一种在人的生活中出现的情感，我们也应该关注恐惧的对象，如害怕死亡、害怕灾难等。在已有的关于恐惧内容与结构的研究中，更多是针对儿童展开的。Scherer 和 Nakamura（1968）对儿童进行调查，提取了如下恐惧因素：对失败和批评的恐惧、大的恐惧（如火、被车撞）、小的恐惧（如坐车）、医疗的恐惧、死亡的恐惧、黑暗的恐惧、家庭和学校的恐惧、其他恐惧。我国学者认为学前儿童对真实存在的事物和想象并不存在的事物产生恐惧。幼儿大多恐惧的内容包括危险的动物、植物、人、自然的现象、社会生活等"妖魔化"事物。[3]

另外我国学者研究发现，儿童的恐惧内容与成人有较大不同，儿童除了

① 段义孚.无边的恐惧[M].徐文宁，译.北京：北京大学出版社，2011.

② 张慧，黄剑波.焦虑、恐惧与这个时代的日常生活[J].西南民族大学学报（人文社科版），2017，38（9）：7.

③ 周意.4 岁~6 岁学前儿童恐惧源的访谈研究[J].教育导刊（下半月），2011（3）：20-23.

对通常意义上事物感到恐惧之外，还会对一些在成人眼里完全没有恐惧含义的东西而感到恐惧，研究发现学前儿童的恐惧内容既具有普遍性，又具有多样性。①

3.恐惧的产生及来源

有些恐惧是先天的，如响声恐惧、黑暗恐惧，虽然是在出生后的一段时间表现出来的，但是与先天的遗传因素密切相关。②个体的恐惧很多是被告知和学习而来的。如父母经常告诫子女"这个东西不能吃""这个事情不能做"，其实，个体层面的恐惧有时候并非是亲身经历，而是被告知的。③

段义孚（2011）指出恐惧是人类试图摆脱、逃离某种情景但又毫无能力的一种情绪体验。人有七种情绪和情感，分别为：喜、怒、忧、思、悲、恐、惊。喜剧是因为人有喜的情绪而产生，悲剧亦是因为人有忧虑和悲伤的情绪而产生，战争类型的电影也正因为人有愤怒的情绪而诞生，同时惊恐的情绪、求生欲和对未知事物的敬畏，产生了《生化危机》和恐怖片。恐惧来源于生理本能和人对当下威胁的实时回应，恐惧情绪也来源于对未知的恐惧，同时，恐惧还来源于色彩或声音引发的情绪反应。④

综上所述，关于恐惧的研究主要有两种：一种是将恐惧作为一种情绪，通过采用如 GNS（General Neophobia Scale）（如下表2.6）来衡量人们对新事物的恐惧程度；二是研究恐惧的对象，但主要集中于儿童的恐惧内容研究。

---

① 李敏.图画书中鬼怪意象及其适宜性探究［D］.南京：南京师范大学，2015.

② 夏勇.学龄期儿童恐惧的内容与结构［J］.心理发展与教育，1997（2）：8-13.

③ 张慧，黄剑波.焦虑、恐惧与这个时代的日常生活［J］.西南民族大学学报（人文社科版），2017，38（9）：7.

④ 周斌.恐惧心理与文艺表达［J］.当代文坛，2014（1）：4；戎晓媛，张玉楼，黄康，等.基于视觉恐惧反应的行为分析［J］.集成技术，2020，9（4）；徐冰.恐惧源于未知［J］.大科技（百科新说），2011（10）：11；DUNSMOOR J E，LABAR K S. Effects of discrimination training on fear generalization gradients and perceptual classification in humans［J］. Behavioral neuroscience，2013，127（3）：350-356；NORRHOLM S D，JOVANOVIC T，BRISCIONE M A，et al. Generalization of fear-potentiated startle in the presence of auditory cues：a parametric analysis［J］. Frontiers in behavioral neuroscience，2014，8：361.

表2.6　GNS（General Neophobia Scale）

英文题项	对应的中文题项
I feel uncomfortable when I find myself in novel situations	当我发现自己处于新奇的境地时，我感到不舒服
Whenever I'm away，I want to get home to my familiar surroundings	当我离开时，我都想回到熟悉的环境中去
I am afraid of the unknown	我害怕未知的事物
I am very uncomfortable in new situations	我在新的环境中很不舒服
Whenever I am on vacation，I can't wait to get home	每当我度假的时候，我都迫不及待地想回家
I avoid speaking to people I do not know when I go to a party	聚会中，我不和我不认识的人说话
I feel uneasy in unfamiliar surroundings	我在陌生的环境中感到不安
I don't like sitting next to someone I don't know	我不喜欢坐在我不认识的人旁边

资料来源：本研究整理。

（二）食物恐惧的研究现状综述

通过查阅相关的文献可知，关于食物恐惧的研究，更多集中在食物恐新、食物厌恶、食物拒绝方面，而研究的对象包括普通消费者和游客。

1. 普通消费者的食物恐惧

食物恐惧可能是机体不良反应的来源，因其或许带有有毒化学物质。例如，根据 Garcia 和 Hankins（1975）的说法，25%的植物性食品含有有毒物质，它们可能传播疾病或产生危险的过敏反应。因此，对新奇的食物进行谨慎的处理也就不足为奇了。为了降低风险，参与者避免吃不熟悉和有风险的食物：主要是生的食物（如色拉）、冻的食物还有辛辣的菜肴。因为他们认为色拉可能是用受污染的水洗过的，这些可能引起肚子不舒服的症状，为了避免在旅游过程中造成身体上的不适，人们尽量不吃不熟悉的食物。

在大多数文化中，尤其在西方文化中，人们只吃动物中一小部分可食用的，甚至在那些被接受的动物中，头部和内脏通常被避免食用，这表明这些动物只有某些部分是被接受的。在西方文化中，肉类食物的名字通常与动物名字不一样（如 beef 和 cow）。吃昆虫被称为"食虫性"，全世界大约有20亿人有食虫的经历，比如非洲、亚洲和美国，食用蚂蚁、蜜蜂、甲虫、蟋蟀、蝴蝶和炸蚂蚱。[①] 而在一些西方国家，含有昆虫的食物被认为是新奇的，并且是人们所厌恶的，而且不愿意品尝，他们认为昆虫存在风险。人类对食物的态度可能有厌恶、喜爱等，厌恶与恐新、挑食、食物拒绝和恐惧存在一些共同点。[②]

食物会引起一些人的情绪反应，有的是恐惧或厌恶，有的是享受和愉悦。[③] 品尝食物可以带来不同的情绪，已有研究表明：甜食可以缓解压力，让人感觉到快乐。食物的某些特质也会影响人们的情绪，在《鱼翅与花椒》（*Shark's Fin and Sichuan Pepper*）中，作者 Fuchsia Dunlop（2018）描述了这样的一些情景：在一家装修前卫的香港餐馆，皮蛋作为开胃菜上来了，蛋被切成两半，两颗皮蛋像在瞪着我，如同闯入噩梦的魔鬼之眼，蛋白不白，是一种脏兮兮的、半透明的褐色；蛋黄并不是黄色，而是带着绿灰边的黑色泥状物。整只皮蛋散发着类似硫黄的光圈，恶臭无比。

Fallon 和 Rozin（1983）认为人们拒绝食物的三个方面包括：危险（danger）、不好吃（distaste）、厌恶（disgust）。厌恶是由不熟悉的食物的呈现方式引起的，如动物、厌恶的质地和腐烂的气味。动物的头和脚在提醒参加者注意肉类的动物性质，如兔头，这会让游客感觉到恐惧。英国旅游局在进行旅游宣传时，将鱼头放在派上，但是这种图片实际造成的后果让人感觉到恐惧（仰望星空鱼）。令人厌恶的质地指的是动物的黏液和血液等部位的肉质

---

① VAN HUIS A，VAN ITTERBEECK J，KLUNDER H，et al. Edible insects：future prospects for food and feed security［M］.［S.l.］：Food and agriculture organization of the United Nations，2013.

② TAN H S G，FISCHER A R，TINCHAN P，et al. Insects as food：exploring cultural exposure and individual experience as determinants of acceptance［J］. Food quality and preference，2015，42：78–89；HARTMANN C，SIEGRIST M. Development and validation of the food disgust scale［J］. Food quality and preference，2018，63：38–50.

③ MYKLETUN R J，GYIMÓTHY S. Beyond the renaissance of the traditional Voss sheep's-head meal：tradition，culinary art，scariness and entrepreneurship［J］. Tourism management，2010，31（3）：434–446.

和糊状,这些特征已被认为会引起人类的厌恶。①

综上所述,食物是满足人类基本生存需要的必需品,但是由于消费者不同的饮食文化,食物的某些特质会让消费者感觉到恐惧,进而拒绝食用。

2. 旅游中食物恐惧的研究现状

在已有的旅游文献中,关于游客的食物恐惧研究,更多的是集中在食物恐新与食物求新。食是旅游的重要组成部分,研究者对游客的"食物体验"进行了探讨,包括了食物消费动机、与食物有关的人格特质、餐厅体验评价、满意度及行为意图。②

Chang 等人(2010)指出中国游客在面临多样化的饮食选择时,他们愿意选择与家里相似的饮食习惯。游客的实际食物选择可能与他们的家庭饮食文化、习俗和习惯有关。

国籍和游客的类型会影响消费者对当地食物品尝的态度。Cohen 和 Avieli(2004)指出,日本游客不愿意前往提供日本菜单或食品的目的地,而亚洲游客对亚洲菜单或食品的忠诚度更高。Telfer 和 Wall(2000)也获得了类似的发现,他们在印度尼西亚进行了一项研究,发现欧洲游客喜欢尝试不同的口味,而亚洲游客则倾向于吃他们当地的食物。

游客出于健康、安全的考虑,可能会对当地的食物、产品和烹饪方法产生怀疑。其他会影响游客品尝当地食物的因素还有饮食习惯(例如亚洲国家

① ROZIN P, FALLON A E. A perspective on disgust [J]. Psychological review, 1987, 94(1): 23.

② KIM Y G, EVES A, SCARLES C. Empirical verification of a conceptual model of local food consumption at a tourist destination [J]. International journal of hospitality management, 2013, 33: 484–489; KIM Y G, EVES A, SCARLES C. Building a model of local food consumption on trips and holidays: a grounded theory approach [J]. International journal of hospitality management, 2009, 28(3): 423–431; KIM Y G, EVES A. Construction and validation of a scale to measure tourist motivation to consume local food [J]. Tourism management, 2012, 33(6): 1458–1467; KIM Y G, SUH B W, EVES A. The relationships between food-related personality traits, satisfaction, and loyalty among visitors attending food events and festivals [J]. International journal of hospitality management, 2010, 29(2): 216–226; JI M J, WONG I A, EVES A, et al. Food related personality traits and the moderating role of novelty seeking in food satisfaction and travel outcomes [J]. Tourism management, 2016, 57: 387–396; WIJAYA S, KING B, NGUYEN T H, et al. International visitor dining experiences: a conceptual framework [J]. Journal of hospitality and tourism management, 2013, 20: 34–42; KIM Y G, EVES A, SCARLES C. Empirical verification of a conceptual model of local food consumption at a tourist destination [J]. International journal of hospitality management, 2013, 33: 484–489.

食用贝类）、就餐方式（如使用叉子）、用当地语言编写的菜单、服务人员缺乏外语知识、对当地食物了解不足、沟通失败、害怕上当受骗。Chang 等人[①]还发现，游客自身的饮食文化和烹饪习俗可能使他们对外国食物的看法和评价产生很大影响，也会对其用餐体验产生影响，尤其是在风味和烹饪方法方面，每个文化群体都有自己独特的饮食文化，这决定了哪些口味和烹饪方法是可以接受的。游客只能根据他自己的食物文化和烹饪习俗来评估当地食物的质量，并认为对一种文化而言可能是美味的食物对另一种文化可能就是不美味的食物。

Chang 等人[②]采用民族志法、参与者观察法与现场焦点小组访谈相结合，考察和比较不同的中国游客［包括大陆游客、香港游客和台湾游客］在澳大利亚度假时的食物消费经历，中国游客的食物选择分为三类，包括熟悉食物、当地食物和不太挑剔的食物。在熟悉食物中，主要的进食行为（与自己平时差不多）、熟悉的味道、口味保证。而对当地食物消费动机包括：体验当地文化、真实性体验、学习的机会、声望和地位、群体的影响、主观感知。

食物消费是一种复杂的行为：异域的食物对一些旅游者而言充满了好奇感，人们会"食物求新"；[③]但是另一些人会对陌生的食物保持谨慎的态度，也就是"食物恐新"。目的地食物对游客而言既是吸引物，也是障碍物。很多例子表明，大多数西方旅游者恐惧在第三世界国家品尝当地美食。

综上所述，在已有旅游研究背景下，学者更多对游客的食物恐新、食物选择进行了研究，而关于游客到底害怕什么样的食物的研究是缺乏的。同时已有的研究主要集中在西方文化背景中，在中国的背景下研究很少。中国地大物博，南北方文化差异巨大，十分有必要了解中国背景下的游客食物行为，如食物恐惧，并探讨对其旅行造成的影响。而要了解游客食物恐惧的行为，

① CHANG K H，SHIN J L. The relationship between destination cues of Asian countries and Korean tourist images［J］. Asia Pacific journal of marketing and logistics，2004，16（2）：82–100.

② CHANG R C Y，KIVELA J，MAK A H N. Attributes that influence the evaluation of travel dining experience：when East meets West［J］. Tourism management，2011，32（2）：307–316.

③ COHEN E，AVIELI N. Food in tourism：attraction and impediment［J］. Annals of tourism research，2004，31：755–778.

首先要了解哪些因素会让游客对食物感到恐惧，所以十分有必要发展食物恐惧的量表。

3. 引起人们食物恐惧的其他要素

在对食物有关的恐惧的研究文献整理中，人们怀疑或不喜欢新的、陌生的食物，躲避不熟悉的食物以实现自我保护，这称为食物恐新症。[①]对食物感官特征的厌恶，对吃一种食物产生的负面后果、危险或由于食物的性质或来源而产生的厌恶都会让人们对食物产生恐惧，继而拒绝此类食物。[②]对未知食物和奇怪食物的厌恶反应可能被看作是习惯性的和习得的风险意识和不喜欢的概括，由视觉、嗅觉、味觉和触觉触发。[③]颜色、味道、气味和质地被认为与食物厌恶有很大的关系。[④]外国食物的恐怖感通常是通过它在感官上的差异性（味觉、嗅觉或视觉）来定义的，通过它与我们日常食物的对比，令人作呕的气味和食物图像可能会让我们远离某些食物。[⑤]用动物的头部做的饭菜可能会让人觉得很刺激，但动物的这部分被细菌污染得最严重这一事实可能会让顾客反感。

Mak 和 Chang（2013）发现，游客的食物恐惧症与"健康关注""体重维持"以及担心有害的或者不恰当的食物原料有关。[⑥]客观的健康风险和感官刺激并不是定义可怕食物的唯一标准。我们可能会因为文化认知（道德、宗教或情

---

① DOVEY T M, STAPLES P A, GIBSON E L, et al. Food neophobia and "picky/fussy" eating in children: a review[J]. Appetite, 2008, 50（2）: 81–193; KNAAPILA A, TUORILA H, SILVENTOINEN K, et al. Food neophobia shows heritable variation in humans[J]. Physiology & behavior, 2007, 91（5）: 573–578.

② VIDIGAL M C T R, MINIM V P R, MOREIRA R T, et al. Translation and validation to portuguese language of food technology neophobia scale[J]. Ciência rural, 2014, 44（1）: 174–180.

③ MYKLETUN R J, GYIMÓTHY S. Beyond the renaissance of the traditional Voss sheep's-head meal: tradition, culinary art, scariness and entrepreneurship[J]. Tourism management, 2010, 31（3）: 434–446.

④ ROZIN P, VOLLMECKE T A. Food likes and dislikes[J]. Annual review of nutrition, 1986, 6（1）: 433–456; MARTINS Y, PLINER P. "Ugh! That's disgusting!": identification of the characteristics of foods underlying rejections based on disgust[J]. Appetite, 2006, 46（1）: 75–85.

⑤ GYIMÓTHY S, MYKLETUN R J. Scary food: Commodifying culinary heritage as meal adventures in tourism[J]. Journal of vacation marketing, 2009, 15（3）: 259–273.

⑥ ROZIN P, VOLLMECKE T A. Food likes and dislikes[J]. Annual review of nutrition, 1986, 6（1）: 433–456.

感）而认为某些菜肴不适合人类食用。对大多数人来说，食用动物的这一部分是一种不熟悉的体验，也可能会引起对食物禁忌的联想，吃动物的头部提醒我们这样一个事实，即动物被杀死是为了作为人类的食物。[①]民族、文化和宗教信仰中的食物禁忌（切排、王兰，2013），也会让人们对此类食物回避。[②]表2.7列出了引起人们食物恐惧的五个因素。

表2.7　引起人们食物恐惧的因素

因素	定义	来源
食物恐新——不熟悉引发的食物恐惧	不愿意、拒绝吃不熟悉的食物、陌生的食物	Fischler，1988；Pliner and Hobden，1992
新食物加工技术引发的恐惧	新技术具有不确定性风险	Cox and Evans，2008
食物感官不适引起的恐惧	由五感引发的恐惧	Rozin and Rozin，1981；Ko，2009
感知风险引发的恐惧	食物恐惧症与"健康关注""体重维持"以及担心有害的或者不恰当的食物原料有关	Mak and Chang，2013；钟颖琦，2014
食物禁忌引发的食物恐惧	由于特定文化形成的食物禁忌；也可能由某些不好的联想造成	切排、王兰，2013；Gyimóthy and Mykletun，2009

资料来源：本研究整理。

（1）食物恐新——不熟悉引发的食物恐惧

根据人类学的观点，"杂食悖论"是人类作为杂食动物所特有的表现。食

[①] BEARDSWORTH A，KEIL T. Sociology on the menu：an invitation to the study of food and society [M]. London：Routledge，1997.

[②] 切排，王兰. 藏族食物禁忌的人类学解读 [J]. 西藏大学学报（社会科学版），2013，28（1）：179-184；李绪鉴. 民间禁忌与惰性心理 [M]. 北京：科学出版社，1989.

物恐新症指的是"不愿吃或避免吃新食物""拒绝任何未知食物的行为"[1]。食物恐新不仅是一个性特征，同时也是一种行为。[2] 食物恐新主要根源是杂食性的动物，作为杂食动物，人类倾向于尝试各种食物来源（驱新），但同时注意不要摄入有毒或有害物质（恐新）。食物恐新症反映了人类不喜欢或怀疑新的、陌生食物的本能倾向，反映了人们的一种自我保护意识。[3] 食物恐新症不仅被认为是一种躲避不熟悉食物的倾向，而且也被认为是一种不喜欢陌生食物的倾向。[4] 因此，食物恐新症是一种行为也是一种性格特质，作为一种行为，体现了人们拒绝新食物；而作为一种特质，反映了人们不愿意品尝不熟悉的食物，而偏向品尝熟悉的食物，且具有一定的稳定性，不会随着时间和地点发生变化。[5] 从社会学的角度看，Fischler[6] 从味觉区分了"恐新"和"驱新"的两种倾向，人们会本能地怀疑和不喜欢新的、不熟悉的食物。

自20世纪90年代中期至今，研究人员对食物恐新进行了研究，将新恐惧症与某些个体特征联系起来，研究发现，对食物恐新的程度存在个体差异。城市与农村相比，拥有更多的食物种类，农村地区的人可能较少地接触到异

① FISCHLER, CLAUDE . Food, self and identity［J］. Social science information，1998，27（2）：275-292；PLINER P，HOBDEN K. Development of a scale to measure the trait of food neophobia in humans［J］. Appetite，1992，19（2）：105-120；DIMITROVSKI D，CRESPI-VALLBONA M. Role of food neophilia in food market tourists' motivational construct：the case of La Boqueria in Barcelona，Spain［J］. Journal of travel & tourism marketing，2017，34（4）：475-487.

② PLINER P，SALVY S. Food neophobia in humans［J］. Frontiers in nutritional science，2006，3：75.

③ PLINER P，SALVY S. Food neophobia in humans［J］. Frontiers in nutritional science，2006，3：75；KNAAPILA A，TUORILA H，SILVENTOINEN K，et al. Food neophobia shows heritable variation in humans［J］. Physiology & behavior，2007，91（5）：573-578；DOVEY T M，STAPLES P A，GIBSON E L，et al. Food neophobia and "picky/fussy" eating in children：a review［J］. Appetite，2008，50（2）：81-193.

④ HWANG J，LIN T L. Effects of food neophobia，familiarity，and nutrition information on consumer acceptance of Asian menu items［J］. Journal of hospitality marketing & management，2010，19（2）：171-187.

⑤ PLINER P，HOBDEN K. Development of a scale to measure the trait of food neophobia in humans［J］. Appetite，1992，19（2）：105-120；PLINER P，SALVY S. Food neophobia in humans［J］. Frontiers in nutritional science，2006，3：75.

⑥ FISCHLER C. Food，self and identity［J］. Social science information，1988，27：275-293.

国食物，所以，他们可能有更高程度的食物恐新症。[①] 年轻人比年纪大的人可能接触了更多的新的食物，所以年轻人食物恐新症程度会低一些。[②] 但也有不同结论，年龄可能会影响食物恐新，年轻人比年长的人会更加容易产生食物恐新症。[③] 当除了自己的母亲外别人给食物时，婴儿不愿意吃陌生的食物。增加熟悉度可以降低食物的恐惧。研究人员还发现如果有中毒的经历，会让人们避免吃那些与中毒食物相类似的新的食物，这就是"中毒引起的新恐惧症"。表2.8列出了与食物恐新相关的个体差异研究。

表2.8　食物恐新个体差异（一般消费者）

研究者	研究对象	结论
Rozin and Rozin，1981	食物恐新与人的性格有关	喜欢冒险的人更倾向于尝试新的食物，食物恐新程度较低
Otis，1984	年龄会对食物恐新产生影响	年轻人比年长的人会更加容易产生食物恐新症
Tuorila，2001	食物恐新与城市化程度、性别和年龄有关	城市化程度越高，食物恐新程度越低。男性和老年人的食物恐新症更强烈
Au and Law，2002	食物恐新与性别、年龄及受教育水平有关	女性更喜欢品尝当地食物，而老年人出于健康考虑，不喜欢尝试当地食物，受教育水平高的游客更喜欢通过品尝当地食物来了解当地文化
MacNicol，2003	食物恐新与社会地位	社会地位越低，食物恐新程度越高

① FLIGHT I，LEPPARD P，COX D N. Food neophobia and associations with cultural diversity and socio-economic status amongst rural and urban Australian adolescents[J]. Appetite，2003，41：41-59；TUORILA H，LÄHTEENMÄKI L，POHJALAINEN L，et al. Food neophobia among the Finns and related responses to familiar and unfamiliar foods[J]. Food quality and preference，2001，12（1）：29-37.

② FERNÁNDEZ-RUIZ V，CLARET A，CHAYA C. Testing a Spanish-version of the food neophobia scale[J]. Food quality and preference，2013，28（1）：222-225；SIEGRIST M，HARTMANN C，KELLER C. Antecedents of food neophobia and its association with eating behavior and food choices[J]. Food quality and preference，2013，30（2）：293-298.

③ OTIS L P. Factors influencing the willingness to taste unusual foods[J]. Psychol reports，1984，54（3）：739-745.

研究者	研究对象	结论
Verbeke and Lopez，2005	食物恐新与年龄有关	城市消费者和55岁消费者中的恐新症显著高于其他人群。
Chang，2010	食物恐新与饮食文化有关	游客自身的饮食文化是食物恐新症的基础
Siegrist，2013	食物恐新与社会人口因素相关	年龄正向影响食物恐新症，收入和教育水平负向影响食物恐新症
Siegrist，Hartmann and Keller，2013	年龄、性别、收入和受教育水平影响食物恐新	年纪大的人更容易产生食物恐新症；男性比女性有更高的恐新症；收入与受教育水平负向影响食物恐新症

资料来源：本研究整理。

已有研究表明，文化和社会人口特征对人们的食物恐新症有影响。[①]
Verbeke 和 Lopez（2005）研究指出，在拉丁美洲，比利时人对拉丁美洲民族食物消费和态度与食物恐新症呈显著负相关，城市消费者和55岁消费者中的恐新症显著高于其他人群，与此呈正相关，与对新文化的开放程度呈正相关。Siegrist 等人（2013）指出食物恐新与社会人口因素相关，结果表明年龄与食物恐新症呈正相关，收入和受教育水平与食物恐新症呈负相关。Au 和 Law（2002）的研究表明：女性更喜欢品尝当地食物，而老年人出于健康考虑，不喜欢尝试当地食物，受教育水平高的游客更喜欢通过品尝当地食物来了解当地文化。Tuorila 等人（2001）指出，城市化程度越高，食物恐新程度越低。

人口特征、动机和心理因素都会影响游客对当地食物的品尝，而心理因素包括了食物恐新和食物驱新（喜欢求新）。食物恐新是避免品尝新的食物，而食物驱新是喜欢品尝新的食物。这两种因素都会影响游客对当地食物的品尝。食物恐新主要是出于安全和健康考虑。MacNicol 等人的（2003）研究表明社会经济地位低会增加食物恐新症，同时，消费的食物健康与否与食物恐惧症之间存在联系，对不健康的食物消费一般有高的恐惧症，对健康的食物消费有低的恐惧症。Cohen 和 Avieli（2004）研究表明，游客对当地食物安全

---

① KIM Y G，EVES A，SCARLES C. Empirical verification of a conceptual model of local food consumption at a tourist destination［J］. International journal of hospitality management，2013，33：484–489.

的考虑是阻碍其品尝新食物的主要因素，游客由于不熟悉当地食物的原料和制作方式而不愿意品尝当地食物，因为品尝新的食物所带来的潜在风险可能会战胜游客的好奇心。Cohen 和 Avieli（2004）认为异国的"土生菜""正宗菜肴"对游客而言不是"吸引"而是"障碍"。为了真正了解目的地食物的消费，必须了解"食物恐新"和"食物驱新"对游客食物摄取的影响。[①] 表2.9列出了与旅游有关的食物恐新研究。

表2.9　游客食物恐新的研究

研究者	研究目标	结论
Kim，2010	调查参加朝鲜美食节的旅游者与食物有关的人格特征、满意度的关系	食物恐新负向影响满意度和忠诚度
Kim，Eves and Scarles，2013	游客动机、恐新、求新同人口统计变量之间的关系	食物恐新与品尝当地食物的动机无关
Jang and Kim，2015	探讨食物恐新对美国消费者品尝韩国民族餐馆的食物意愿	提高文化熟悉度以及菜单中有文字和图片都能降低消费者对食物的恐新
Ji，2016	调查来澳门旅游的内地游客与食物有关的人格特征、新的食物消费、求新动机与食物满意度和旅游结果的关系	食物恐惧对品尝新食物有负面影响，对食物满意度有消极影响
Mak，2017	探讨国际旅游背景下，与食物有关的人格特征对游客食物消费动机的各个层面的影响	食物恐新对于各个动机都有显著影响
Caber，2018	探讨导游表现、食物参与与当地食物消费意图和游客食物恐新之间的因果关系	食物恐新会降低游客品尝目的地食物的意愿；导游的表现会降低游客对当地食物的恐惧
Zhang，2018	探讨游客感知到的风险和利益分别对当地食物品尝意图之影响	游客已有的知识会调节对当地食物的风险感知，包括食物恐新

资料来源：本研究整理。

---

① COHEN E，AVIELI N. Food in tourism：attraction and impediment[J]. Annals of tourism research，2004，31：755-778.

关于食物恐新的量表，目前比较流行的有：食物态度量表 Food Attitude Scale（FAS）、食物恐新量表 Food Neophobia Scale（FNS）、儿童食物恐新量表 Children's Food Neophobia Scale（CFNS）、儿童食物恐新量表 Children's Food Neophobia Scale（CFNS）。表2.10列出了食物恐新的量表。①

表2.10　食物恐新量表

食物量表名称	题项	研究重点	来源
食物态度量表（FAS）	1. 喜欢品尝新的食物 2. 喜欢不同的民族食物 3. 许多食物都是不好吃的 4. 人都要吃饭 5. 喜欢尝试新的餐厅 6. 带走食物 7. 喜欢尝试不同的食物 8. 吃是麻烦的事情 9. 坚持吃我知道的食物 10. 喜欢咸的食物 11. 喜欢甜的食物 12. 不喜欢尝试新的菜肴 13. 我喜欢吃 14. 不尝试未知的食物 15. 不好的体验后不会再尝试 16. 许多食物都是恶心的 17. 像小孩一样被鼓励 18. 尝试不好的原料 19. 被称为挑食者 20. 我认为我挑食	对食物的态度	Frank and VAN DER Klaauw，1994

① PLINER P, HOBDEN K. Development of a scale to measure the trait of food neophobia in humans［J］. Appetite, 1992, 19（2）：105-120; FRANK R A, VAN DER KLAAUW N J. The contribution of chemosensory factors to individual differences in reported food preferences［J］. Appetite, 1994, 22（2）：101-123; RUSSELL C G, WORSLEY A. A population-based study of preschoolers' food neophobia and its associations with food preferences［J］. Journal of nutrition education and behavior, 2008, 40（1）：11-19; LAUREATI M, BERGAMASCHI V, PAGLIARINI E. Assessing childhood food neophobia: validation of a scale in Italian primary school children［J］. Food quality and preference, 2015, 40: 8-15.

续表

食物量表 名称	题项	研究重点	来源
食物恐 新量表 （FNS）	1. 我不断寻找新的、不同的食物 2. 我不相信新的食物 3. 如果我不知道食物里有什么，我不会尝试 4. 我喜欢尝试来自不同国家的食物 5. 民族的食物看起来太奇怪了，不能吃 6. 在聚会中，我愿意尝试新的食物 7. 我害怕吃那些我以前从来没有吃过的东西 8. 我对我要吃的东西十分挑剔 9. 我什么东西都吃 10. 我喜欢尝试新的民族餐厅	对新的食 物的恐惧	Pliner and Hobden， 1992
儿童食物 恐新量表 （CFNS）	1. 我的孩子不断地尝试新的、不同的食物（R） 2. 我的孩子不相信新的食物 3. 如果我的孩子不知道食物里有什么，不会去 尝试 4. 我的孩子喜欢来自不同文化的食物（R） 5. 对我的孩子来说，来自不同文化的食物与她 自己的食物相比太奇怪了，她吃不起来（R） 6. 在聚会中，我的孩子尝试新的食物（R） 7. 我的孩子害怕吃原来没有吃过的食物 8. 我的孩子特别在意他吃的食物 9. 我的孩子什么都吃（R） 10. 我的孩子喜欢吃那些提供的食物和她自己的 文化不一样的食物（R）	针对儿童 恐新，让 父母作答	Russell and Worsley， 2008
儿童食物 恐新量表 （CFNS）	1. 我几乎每天吃新的、不寻常的食物（R） 2. 我不相信新的食物 3. 如果食物是新的，我不会尝试 4. 我喜欢尝试奇怪的口味和食物，这是不寻常 的，来自不同的国家。（R） 5. 在朋友聚会中，我喜欢尝试新的食物（R） 6. 我害怕吃原来没有吃过的 7. 我特别在意吃的食物	针对儿童 恐新，儿 童作答	Laureati， 2015

资料来源：本研究整理。注：R 表示反向问题。

在已有的对食物恐新的食物研究中，主要集中在功能性食品、转基因食品、有机食品和传统食品，缺少对旅游过程中的食物研究。[①]

在已有的文献中，将食物恐新量表翻译成不同版本，并且为了适应相关的文化背景，对其中的量表题项进行删减和修改，对消费者进行研究，包括瑞典语、芬兰语、西班牙语、德语、法语和韩语，在以往的研究中主要是集中在西方文化中。[②] 而食物行为是环境、文化和社会因素造成的，中国地大物博，南北饮食文化差异巨大，中国烹饪方式多样、食材复杂，因此十分有必要研究中国人口环境下的食物恐新行为。

（2）新食物加工技术引发的恐惧

全球的消费者对功能性食物、传统食物、有机食物、天然食物等的需求不断增加，而对食物领域内的技术创新一般持谨慎态度，很容易产生恐惧。[③]如消费者往往认为应用于食物的转基因技术存在高风险并对其产生厌恶情绪，

① CHEN M F, LI H L. The consumer's attitude toward genetically modified foods in Taiwan［J］. Food quality and preference, 2007, 18（4）: 662-674; CHEN M F. Consumer attitudes and purchase intentions in relation to organic foods in Taiwan: moderating effects of food-related personality traits［J］. Food quality and preference, 2007, 18（7）: 1008-1021; CHOE J Y, CHO M S. Food neophobia and willingness to try nontraditional foods for Koreans［J］. Food quality and preference, 2011, 22（7）: 671-677.

② RITCHEY P N, FRANK R A, HURSTI U K, et al. Validation and cross-national comparison of the food neophobia scale（FNS）using confirmatory factor analysis［J］. Appetite, 2003, 40（2）: 163-173; KOIVISTO U K, SJÖDÉN P O. Reasons for rejection of food items in Swedish families with children aged 2-17［J］. Appetite, 1996, 26（1）: 89-104; TUORILA H, LÄHTEENMÄKI L, POHJALAINEN L, et al. Food neophobia among the Finns and related responses to familiar and unfamiliar foods［J］. Food quality and preference, 2001, 12（1）: 29-37; FERNÁNDEZ-RUIZ V, CLARET A, CHAYA C. Testing a Spanish-version of the food neophobia scale［J］. Food quality and preference, 2013, 28（1）: 222-225; ROBACH S, FOTEREK K, SCHMIDT I, et al. Food neophobia in German adolescents: determinants and association with dietary habits［J］. Appetite, 2016, 101: 184-191; ZHAO J B, GAO Z B, LI Y X, et al. The food neophobia scale（FNS）: Exploration and confirmation of factor structure in a healthy Chinese sample［J］. Food quality and preference, 2020, 79: 103-791; CHOE J Y, CHO M S. Food neophobia and willingness to try non-traditional foods for Koreans［J］. Food quality and preference, 2011, 22（7）: 671-677.

③ SIEGRIST M, COUSIN M E, KASTENHOLZ H, et al. Public acceptance of nanotechnology foods and food packaging: the influence of affect and trust［J］. Appetite, 2007, 49（2）: 459-466; COX D, EVANS G. Construction and validation of a psychometric scale to measure consumers' fears of novel food technologies: the food technology neophobia scale［J］. Food quality and preference, 2008, 19: 704-710.

食物辐照技术虽然被科学证实是安全的，但是消费者还是不能接受。[①]一些新的食品技术对消费者的危害、接触可能性和风险的毒理学性质在很大程度上是未知的，这也造成了消费者对新的食物技术的恐惧。同时由于食品安全事件频发，社会呈现出一种对技术反对，对天然追求的趋势。[②]在食物领域的新技术主要有：巴氏消毒法、高压杀菌、气调包装技术、三倍体、转基因、生物活性技术等。[③]欧盟消费者对转基因食品的恐惧比较高，62%的消费者对转基因食品表示出"担心"。欧洲学者研究强调，消费者对食用使用纳米技术生产的食品持怀疑态度。[④]

张玲，王洁和张寄南（2006）对江苏居民进行转基因食物的调查，数据统计说明，无论学历高低、知识背景如何，人们对转基因食物的恐惧普遍存在。吴起乐（2017）通过对合肥市消费者对转基因技术和转基因食物的认知调查，了解消费者对转基因食物的购买情况并分析其影响因素，结果显示消费者文化程度越高，转基因食物的购买意愿降低，家庭月收入水平和购买情况呈负相关，可能文化程度较高者其收入水平相应增高，更加关注自身健康，且对转基因食物的安全性争论了解较多，在转基因食物安全不确定性和自身利益之间，通过选择远离转基因食品予以规避，导致转基因食品购买意愿降低。

在食品技术创新上，消费者感知到了安全风险和不确定性，继而表现出

① HANSEN J, HOLM L, FREWER L, et al. Beyond the knowledge deficit: recent research into lay and expert attitudes to food risk [J]. Appetite, 2003, 41, 111–121; RONTELTAP A, VAN TRIJP J C M, RENES R J, et al. Consumer acceptance of technology-based food innovations: lessons for the future of nutrigenomics [J]. Appetite, 2007, 49 (1): 1–17.

② ROZIN P. The meaning of natural [J]. Psychological science, 2005, 16: 652–658; ROZIN P, SPRANCA M, KRIEGER Z, et al. Preference for natural: instrumental and ideational/moral motivations, and the contrast between foods and medicines [J]. Appetite, 2004, 43 (2): 147–154.

③ COX D, EVANS G. Construction and validation of a psychometric scale to measure consumers' fears of novel food technologies: the food technology neophobia scale [J]. Food quality and preference, 2008, 19: 704–710.

④ SIEGRIST M, COUSIN M E, KASTENHOLZ H, et al. Public acceptance of nanotechnology foods and food packaging: the influence of affect and trust [J]. Appetite, 2007, 49 (2): 459–466; FREWER B K, BRENNAN M, LION R, et al. Consumer response to novel agri-food technologies: implications for predicting consumer acceptance of emerging food technologies [J]. Trends of food science technology, 2011, 22(8): 442–456.

对技术的恐惧。因此，未来对新技术的研究应该包括心理学维度，以调查和确定决定消费者行为的真正因素，从而预测他们对特定食品的选择。[①]为了更好地反映消费者对新的食品技术的恐惧，Cox 和 Evans（2008）开发了食品新技术恐惧量表（FTNS）（见下表2.11），量表分为四个组成部分：第一个维度是新技术是否有用及具有不确定性，越同意其观点，消费者就越认识不到新食品技术的引进所带来的相关好处，他们越感到不确定。第二个维度是感知风险与新技术之间的联系，感知的风险越高，消费者认为新技术越危险；这一维度可以被视为风险的规模，其含义也与社会不应始终依赖技术来解决食品安全问题的观点有关。第三个维度是益处和健康影响，它与新的食品技术在控制食物选择和有可能平衡饮食和积极的健康影响方面呈正相关。第四个维度是对媒体作用的信任，指的是媒体在传递食品技术信息方面的作用，它与消费者的信念呈正相关。

表2.11　食品新技术恐惧量表

食物量表名称	题项	研究重点	来源
新食品技术恐惧量表（FTNS）	1.新食品技术没必要 （1）周围有很多食物，我们不需要新的技术来生产食品 （2）新食品技术的好处往往被夸大了 （3）新的食品技术降低了食品的自然质量 （4）尝试高科技食品是没有意义的，因为我吃的已经足够好了 （5）新食品并不比传统食品更健康 （6）新的食品技术是我不确定的	对新的食品技术的恐惧	Cox and Evans，2008

---

① KÖSTER E P. Diversity in the determinants of food choice：a psychological perspective［J］. Food quality and preference，2009，20（2）：70—82.

续表

食物量表名称	题项	研究重点	来源
新食品技术恐惧量表（FTNS）	2. 感知的风险 （1）社会不应严重依赖技术来解决其粮食问题 （2）新食品技术或许对环境有长期负面效应 （3）过快地转向新的食品技术可能有风险 （4）新食品技术对健康产生的负面影响的概率很小（R） 3. 健康选择 （1）使用新食品技术生产的新产品可以帮助人们保持均衡的饮食（R） （2）新食品技术让人们对自己的食物选择有更多的控制权（R） 4. 信息、媒介 （1）媒体通常对新的食品技术提供一种平衡和公正的观点（R）	对新的食品技术的恐惧	Cox and Evans，2008

资料来源：本研究整理。注：R 表示反向问题。

（3）食物感官不适引发的食物恐惧

心理学认为，感官器官获得的信息，通过感官知觉中枢，形成人们的"知觉"，人类的五种感官——嗅觉、听觉、视觉、味觉和触觉。单一感官或五感相融合即为"感官体验"。饮食行为涉及多种感官方式的整合，需要调动视觉、嗅觉和味觉等多重感官体验，且涉及人与物最为直接和深入的接触，其行为本身具有一定的复杂性和特殊性。[①] 人们往往会从原料、风味、质地和其他特征来考虑。[②] Tuorila 等人（1994）认为食物可以从外观、气味和味道评价。Rozin 和 Rozin（1981）认为，食材、烹饪技术和风味可以界定一道菜肴。吃是一种生理需要，五种感官的满足很关键。食物的感官特征包括：味道、气味、质地和外观。食物恐惧症是由食物的气味、味道和质地等感官因素驱

[①] LIN L，MAO P C. Food for memories and culture-a content analysis study of food specialties and souvenirs ［J］. Journal of hospitality and tourism management，2015，22：19–29.

[②] KO W H. Foodservice satisfaction for work-sector meals：a model based on food variety，sensory feeling，and quality perception［J］. Journal of culinary science & technology，2009，7（2–3）：132–151.

动的。①

人们天生抗拒苦味，因为它会刺激口腔。某些气味（如腐烂的食物）、视觉暗示（如霉菌）、触觉暗示（如黏液）、听觉输入（如听到某人清理充满黏液的喉咙）以及厌恶：厌恶是由象征危险物品和病原体存在的暗示引起的，包括某些气味，这会让人感觉到恶心、厌恶。颜色、味道、气味和质地被认为与食物厌恶有很大的关系。②

研究人员将饮食行为恐惧症定义为不愿多吃新鲜食物，不喜欢它的味道、气味和外观。食物的感官可能影响消费者对食物的感知，某些食物属性可能会引起顾客的偏好，但是有些可能让顾客拒绝此食物。③ 有些食物被拒绝或接受，主要是受口腔中感官效果的愉悦程度，或它们的气味、外观所影响。④

在已有的研究中，已经证实了视觉刺激可能引起恐惧，但是更多的研究证明，恐惧不仅是由单一的感官引起的，也可能是多种感官的相互作用引起的，因为与感官相关的人类的大脑区域是相互作用的，一维的感官输入会启动刺激，但是也会启动大脑的其他感官区域。⑤ 声音、气味和各种视听刺激，可能会引起恐惧。除此之外，恐惧不仅是由物理性质引起的，如质地、颜色等，也可能是由此所产生的一些联想和想象而引起的。⑥ Martins 和 Pliner（2006）总结了食物中可能会让人感觉到恶心的12个特征：食物提醒人们生活

① WILDES J E, ZUCKER N L, MARCUS M D. Picky eating in adults: results of a web-based survey[J]. International journal of eating disorders, 2012, 45（4）: 575–582.

② MARTINS Y, PLINER P. "Ugh! That's disgusting!": identification of the characteristics of foods underlying rejections based on disgust[J]. Appetite, 2006, 46（1）: 75–85.

③ KERGOAT M, GIBOREAU A, NICOD H, et al. Psychographic measures and sensory consumer tests: when emotional experience and feeling-based judgments account for preferences[J]. Food quality and preference, 2010, 21（2）: 178–187.

④ ROZIN P, VOLLMECKE T A. Food likes and dislikes[J]. Annual review of nutrition, 1986, 6（1）: 433–456.

⑤ GERDES A B M, WIESER M J, ALPERS G W. Emotional pictures and sounds: a review of multimodal interactions of emotion cues in multiple domains[J]. Frontiers in psychology, 2014, 5: 1351–1367; GERDES A B M, FRAUNFELTER L, ALPERS G W. Hear it, fear it: fear generalizes from conditioned pictures to semantically related sounds[J]. Journal of anxiety disorders, 2020, 69: 1–8.

⑥ FOA E B, KOZAK M J. Emotional processing of fear: exposure to corrective information[J]. Psychological bulletin, 1986, 99（1）: 20–35.

动物的程度、血液、内脏、内脏以外的器官、身体部位、脂肪、腐败 / 腐烂、发霉、糊状 / 压扁、滑动、不健全的昆虫。

① 嗅觉不适与食物恐惧

Hulten 等人（2007）认为，空气和气味是将来营销的重点，因为顾客的感官体验从一定程度上说，是同他们所处的环境有关。气味会对感官体验产生重要的影响，这一观点得到了美国气味学家的普遍认可。人们通过嗅觉来判断食物的气味（芦淼，2013），嗅觉被认为是食物的挥发物质或气体分子对嗅觉器官的感受细胞产生作用而引起的。当人们闻到食物的香气时就会激发食欲。而人们如果闻到了不好的气味，会增加人们对该食物的恐惧。即使是小孩子，通常也会拒绝那些看起来或闻起来"不对"的食物，食物的质地、气味或温度的微小变化都会影响人们是否尝试的决定。

新的、陌生的食物容易引起人们的恐惧和不安，即使是熟悉的食物，也可能让人们产生恐惧。食物恐惧症是由食物的气味、味道和质地等感官因素驱动的。[①] 如有些人不喜欢吃榴莲，因为觉得它的味道很臭，而且质地黏糊糊的，让人感觉恶心，所以人们会拒绝吃任何含有榴莲的食物。认为不愿意尝试新的食物的成年人，会选择那些气味不那么刺激、怪异的食物，这就表明了食物恐惧与气味、敏感性有关。[②] 在 Lorenzo 等人（2017）对食物恐惧与孤独症和气味敏感性研究中，外国菜肴的偏好与嗅觉敏感性之间成反比，那些不太喜欢外国菜（不熟悉菜肴）的人，对食物气味的敏感性较差。

食物恐惧在很大程度上是由于食物气味让人联想到不好的情绪。食物的气味通过两种方式影响人类的情绪：它能让人联想起过去与这种气味有关的时刻；与气味有关的分子结构影响我们大脑中的化学物质。芝加哥神经学家、精神病学家 Alan Hirsch 专门研究气味对人类行为和情绪的影响。他解释道："在人类的所有感官中，嗅觉对情绪的影响最大，因为嗅觉感官器与边缘系统（大脑中与情绪有关的部分）是联系在一起的。"

① WILDES J E, ZUCKER N L, MARCUS M D. Picky eating in adults: results of a web-based survey [J]. International journal of eating disorders, 2012, 45 (4): 575–582.

② FRANK R A, KLAAUW V D N J. The contribution of chemosensory factors to individual differences in reported food preferences [J]. Appetite, 1994, 22 (2): 101–123.

② 味觉不适与食物恐惧

味觉是人类最独特的一种感官，食物的质感、温度和气味都会影响味觉的感知。味觉主要感受食物的味道，其感受器是味蕾，处于舌头的背面，尤其是舌尖和舌的两边。人们感受到的味觉有酸、甜、苦、咸、鲜等。

味觉愉悦和健康是人们喜欢的食物的两个重要维度（Letarte et al.，1997）。有研究表明，通过观察新生儿的面部表情，可以发现新生儿恐惧苦味（Steiner，1974）。如果昆虫的味道不好，即使是昆虫食用地的人，也会抗拒食用昆虫。[①]

味道是连接人与食物的重要桥梁，人们因为某种味道而趋之若鹜，也因为某种味道避而远之。[②] 湖南一带有吃会动的小虾的习俗，而北美和欧洲的人喜欢生吃牡蛎；还有些亚洲人甚至偏爱臭气熏天的腐烂食品"臭豆腐"，在不同的时代和地方，人们甚至对锯齿类动物的胎儿、百灵鸟的舌头、羊眼、鳗鱼卵、白鲸的内脏、猪气管等抱有强烈的兴趣。大家都坚信自己对饮食的偏好是明智的，如果偏离了则认为是不正常的。由此可见，各地的饮食习惯是不同的，甚至是矛盾的，被有些人偏好的食物，对另一部分人而言可能深恶痛绝。

③ 听觉不适与食物恐惧

很多人喜欢薯片、爆米花和坚果类的食物在口中咀嚼时脆脆的声音，但是也有很多人厌恶这种声音。在西方文化中，肉类食物的名字通常与动物名字不一样（如 beef 和 cow）。[③] 恐惧产生可能是由于声音或者是颜色的刺激。[④]

食物的名字会给顾客带来想象，会让顾客对该食物首先产生一个期望，

---

① HARTMANN C，SHI J，GIUSTO A，et al. The psychology of eating insects：a cross-cultural comparison between germany and China[J]. Food quality and preference，2015，44：148–156.

② 张蜀蕙. 北宋文人饮食书写的南方经验[J]. 淡江中文学报，2006（14）；杨明华. 饮食人类学视野下的肉食消费与文化生产[J]. 扬州大学烹饪学报，2014，31（1）.

③ SHUKRI W H W Z. Unfamiliar food consumption among western tourists in Malaysia：development of the integrated model[D]. Guildford：University of Surrey（United Kingdom），2017.

④ DUNSMOOR J E，LABAR K S. Effects of discrimination training on fear generalization gradients and perceptual classification in humans[J]. Behavioral neuroscience，2013，127（3）：350–356；NORRHOLM S D，JOVANOVIC T，BRISCIONE M A，et al. Generalization of fear-potentiated startle in the presence of auditory cues：a parametric analysis [J]. Frontiers in behavioral neuroscience，2014，8：361.

而不好的想象会让顾客对此食物产生恐惧。①

④ 视觉不适与食物恐惧

视觉是影响力最强和诱惑性最大的感官。视觉和设计、包装、颜色等有关。② 人们往往追求"色香味形"俱佳的菜肴，人们的食欲会受到食物颜色的影响，而食物颜色通过视觉进行识别，但是色彩和形状有时候也会让人望而却步。恐惧产生可能是由于声音或者是颜色的刺激。③ 如《花椒与鱼翅》中，作者对皮蛋的恐惧以及对黏糊糊的质地形状的恐惧。Dovey 等人（2012）研究表明，儿童在决定是否尝试一种新食物时，更有可能使用视觉线索，而成年人更有可能根据触觉或感觉来决定是否尝试一种新食物。

人们看到动物的头部和内脏比通常食用的身体部位更能突出地提醒人们食物的来源，使后者比前者更容易被接受。④ 所以，肉类的烹调和食用方式通常是为了掩盖其动物来源（例如，将其切成小块，无法辨认或去除骨头）。⑤ 西方消费者更能接受将昆虫作为食物原料加入熟悉的产品中，而不是将昆虫作为一种独立食物来呈现，因为他们是动物，单独被加工成食物会让他们想起动物的来源，产生恶心和恐惧。⑥ 在面临不熟悉的食物时，视觉信息对消费者的态度有重要的影响，消费者如果能看到该食物，可以降低它对该食物的

---

① MEISELMAN H L, BELL R. The effects of name and recipe on the perceived ethnicity and acceptability of selected Italian foods by British subjects[J]. Food quality and preference, 1991, 3（4）: 209–214.

② LINDSTROM M. Brand sense: build powerful brands through touch, taste, smell, sight, and sound[M]. New York: The Free Press, 2005.

③ DUNSMOOR J E, LABAR K S. Effects of discrimination training on fear generalization gradients and perceptual classification in humans[J]. Behavioral neuroscience, 2013, 127（3）: 350–356; NORRHOLM S D, JOVANOVIC T, BRISCIONE M A, et al. Generalization of fear-potentiated startle in the presence of auditory cues: a parametric analysis[J]. Frontiers in behavioral neuroscience, 2014, 8: 361.

④ MARTINS Y, PLINER P. "Ugh! That's disgusting!": identification of the characteristics of foods underlying rejections based on disgust[J]. Appetite, 2006, 46（1）: 75–85.

⑤ MARTINS Y, PLINER P. "Ugh! That's disgusting!": identification of the characteristics of foods underlying rejections based on disgust[J]. Appetite, 2006, 46（1）: 75–85.

⑥ HARTMANN C, SIEGRIST M. Development and validation of the food disgust scale[J]. Food quality and preference, 2018, 63: 38–50; ALI A E. A semiotic approach to entomophagy the language, localization, and reimagining of insects as food stuffs in America[J]. Perspective of global development technology, 2016, 15: 391–405.

恐惧感，[1] 但是，当人们看到昆虫时，让人们想象要吃它的时候，人们会感觉到恐惧。[2]

人们普遍认为动物是人类恐惧最常见的诱因之一。[3] 在一项调查研究中，受试者对动物图片的恐惧程度进行评分，响尾蛇和蜘蛛是当今最令人恐惧的动物之一，而其中最主要的原因是人们害怕其造型。[4]

相比于橙色蔬菜，绿色蔬菜更让人抗拒，而且难以改变。[5] 颜色之所以重要，是因为它传递了特定食物样本的典型信息。[6]

⑤ 触觉不适与食物恐惧

即使是在成年人中，人们是否会品尝某种新颖食物，主要是看它是否"吸引触觉"，这对那些触觉特别敏感的人而言尤其重要。食物的温度、质地和纹理会影响口腔的触觉。[7] 有一些人恐惧花生酱：当花生酱黏在上颚时，花生酱的黏性纹理会使人产生窒息感。在韩国，活章鱼被切分后，并没有死。它的腿仍然有着很强的活力，这是一种能够把人噎住的食物，触手上的吸盘黏在喉咙里是常见的事情。这种害怕食物黏在嘴上的恐惧是常见的触觉恐惧。

很多人都恐惧吃生的食物，生的食物往往伤害肠胃，很容易致病。同时，

① HEATH P, HOUSTON-PRICE C, KENNEDY O B. Increasing food familiarity without the tears. A role for visual exposure? [J]. Appetite, 2011, 57: 832–838.

② POOR M, DUHACHEK A, KRISHNAN H S. How images of other consumers influence subsequent taste perceptions [J]. Journal of marketing, 2013, 77 (6): 124–139.

③ ARRINDELL W A. Phobic dimensions: IV. The structure of animal fears [J]. Behaviour research and therapy, 2000, 38: 509–530.

④ BRACHA H S. Human brain evolution and the "neuroevolutionary time-depth principle" implications for the reclassifification of fear-circuitry-related traits in DSM-V and for studying resilience to warzone-related posttraumatic stress disorder [J]. Progress in neuro psychopharmacology and biological psychiatry, 2006, 30: 827–853.

⑤ GERRISH C J, MENNELLA J A. Flavor variety enhances food acceptance in formula-fed infants [J]. The American journal of clinical nutrition, 2001, 73: 1080–1085; MENNELLA J A, NICKLAUS S, JAGOLINO A L, et al. Variety is the spice of life: strategies for promoting fruit and vegetable acceptance during infancy [J]. Physiology & behavior, 2008, 94 (1): 29–38.

⑥ RIOUX C, PICARD D, LAFRAIRE J. Food rejection and the development of food categorization in young children [J]. Cognitive development, 2016, 40: 163–177.

⑦ DOVEY T M, ALDRIDGE V K, DIGNAN W, et al. Developmental differences in sensory decision making involved in deciding to try a novel fruit [J]. British journal of health psychology, 2012, 17(2): 258–272.

当人们接触到的食物质地发生改变时，人们会对该食物产生怀疑，进而拒绝进食。如人们对于薯片的感觉是脆脆的，而蛋糕是柔软的，如果薯片变软，蛋糕变硬都会让人拒绝食用。

（4）感知风险引发的食物恐惧

风险和不确定性是影响消费者态度的重要因素，当人们感知到食物存在安全风险时，就会产生恐惧。Mak 和 Chang（2013）发现，游客的食物恐惧症与"健康关注""体重维持"以及担心有害的或者不恰当的食物原料有关。人们拒绝某种食物，往往是预料到了后果，最直接的影响是恶心或抽筋，接下来可能是考虑到健康方面，最后可能是社会的，如吃了某种食物会造成社会地位的改变。[①] Tse 和 Crotts（2005）提出了旅游烹饪选择与其民族文化之间的联系。他们的调查结果表明，来自低"不确定度回避指数"国家（对风险感知小）比来自高"不确定度回避指数"国家，在香港享用更多和多样的烹饪服务。再比如人们对食用昆虫的不熟悉，可能会造成一定的恐惧和厌恶，认为食用昆虫的行为"肮脏、不卫生、不健康、会传染疾病"，认为昆虫是高风险的食物。[②] 总体而言，人们对事物的喜欢和不喜欢，主要有三方面的原因：生理的、文化的和心理的。[③] 而对食物的拒绝主要是由于考虑到身体方面可能受到危害。面对不熟悉的食物，很多游客会关注食物卫生问题。[④] 旅行者关心与食物有关的外部威胁，特别是与卫生有关的威胁。

在已有的研究中，人们对于特定食物成分的恐惧也是存在的，如糖、脂肪、钠、高果糖玉米糖浆（HFCS）、谷氨酸单钠（MSG）、瘦肉精（CLB）、苯甲酸钠和其他。[⑤] 人类往往担心食物存在潜在风险，如细菌致病等，或者食

---

① ROZIN P, VOLLMECKE T A. Food likes and dislikes [J]. Annual review of nutrition, 1986, 6（1）: 433–456.

② V HUIS A V, ITTERBEECK J V, KLUNDER H, et al. Edible insects: future prospects for food and feed security [M].[S.l.]: Food and agriculture organization of the United Nations, 2013.

③ ROZIN P, VOLLMECKE T A. Food likes and dislikes [J]. Annual review of nutrition, 1986, 6（1）: 433–456.

④ COHEN E, AVIELI N. Food in tourism: attraction and impediment [J]. Annals of tourism research, 2004, 31: 755–778.

⑤ WANSINK B, TAL A, BRUMBERG A. Ingredient-based food fears and avoidance: Antecedents and antidotes [J]. Food quality and preference, 2014, 38: 40–48.

物中毒而惧怕食物。虽然人们追求口腹之欲，然而健康仍是首要考虑因素。

钟颖琦（2014）的研究表明，中国消费者对国内食品市场安全性的怀疑以及对食品添加剂滥用事件感到愤怒的标准化系数分别为 0.721 和 0.615，是风险感知潜变量中最显著的特征因素，表明在食品添加剂滥用事件爆发后，消费者对国内食品市场的信心显著下降，食品生产企业遭受信任危机，同时，消费者对食品添加剂滥用事件的愤怒感明显增强。在对外出消费者进行调查中，大部分美国人担心食品添加剂会造成健康风险，60% 的消费者担心餐饮企业滥用食物添加剂，而对外出就餐产生恐惧。

在中国，自古以来，就有南北之间的差异导致食物恐惧的例子。南方食物以腥臊闻名，对于南方食物，又是海鲜，北方人多少有着"肚肠的畏惧"（张蜀蕙，2006）。

（5）食物禁忌引发的食物恐惧

研究表明，不同的民族会有巩固和区分民族身份的食物子集。我们可能会认为某些菜肴不适合人类食用，因为人们对文化学习（伦理、宗教或情感）的感知，如对西方人来说，食用某些驯养的宠物是一种文化食物禁忌。[①]同时，吃动物的头，可以说是与食物的眼神接触——提醒我们，动物是作为人类食物而被杀死的，从而激起了一些顾客的不安，即生物必须死亡才能维持我们的生命。[②]

食物禁忌是人们为了避免某种臆想的超自然力量或危险食物所带来的灾祸，从而对某种人、物、言、行的限制或自我回避。食物禁忌让人们对某种食物产生惧怕感，不敢去吃某种特定的食物。根据饮食人类学的观点，食物禁忌既是文化现象，也是文化符号。[③]"人类遵从禁忌，是因为其共同的信仰。"Mary Douglas（2008）认为禁忌的产生是人们规避伤害，自我保护。食物禁忌通过代际相传，是从小就由父母和社会权威灌输、教育、训导的，在人们心中早已

---

① GYIMÓTHY S, MYKLETUN R J. Scary food: commodifying culinary heritage as meal adventures in tourism [J]. Journal of vacation marketing, 2009, 15（3）: 259-273.

② BEARDSWORTH A, KEIL T. Sociology on the menu: an invitation to the study of food and society [M]. London: Routledge, 1997.

③ 切排，王兰. 藏族食物禁忌的人类学解读 [J]. 西藏大学学报（社会科学版），2013, 28（1）: 179-184.

沉淀并形成潜意识,并已经具有了不可逾越性。^①长辈往往通过口头传授给下一代,使其具有了教化功能,也是约束人们行为的最有效方式。食物禁忌具有地方性,来源于生活,也是人与自然和谐相处的体现。狭义的民族风俗不包括宗教信仰,民族饮食禁忌和宗教饮食禁忌存在一定差异(沈春阳,2020)。食物禁忌具有两种特征:宗教性和世俗性。一方面,来自图腾等原始宗教的食物禁忌。"图腾禁忌食物是最早形态的禁忌食物,在某些存在图腾制度的民族中,人们往往把那些被认为曾经与氏族祖先有着一定亲缘性而作为氏族标志的动植物视为神圣不可侵侮的图腾,严格禁止本氏族的人食用。"^②另一方面,来自世俗生活的食物禁忌"与带有浓厚神秘色彩的宗教性禁忌食物不同的是具有世俗性的禁忌食物是人们在长期的生活活动中自然形成的,在社会中有着较大的广泛性,它们与宗教信仰没有直接的联系"。

食物禁忌作为民间习俗的一部分,本身就是一种普遍的文化现象,它将人们的社会关系及行为模式用制度规范下来,在强制的或潜移默化的作用中维护一个社会在价值尺度上的统一性(余园,2006)。《礼记·礼运》曰:"夫礼之初始诸饮食。"而对人的需求和物资供应的稀缺,人们通过"礼"来压制生理欲望,构建一套行之有效的饮食规范和禁忌,统一全社会的行为和观念取向,从而维持社会结构与秩序的稳定。根据"天人合一"的思想,食物禁忌与环境保护和协调有关。食物禁忌还表现在,"禁忌一旦打破会受到惩罚"从而坚定了人们恪守禁忌的决心。

食物禁忌具有场域性,在场域下生活的人们必须恪守,从而产生一种习惯,也就是一种文化。根据Bourdieu(1990)的观点,惯习能够使场域建构成一个充满意义的世界。在局外人看来"忌讳是思想的牢笼、行动的枷锁、自由的障碍",它让人们惧怕禁忌的食物,不敢逾越。^③

综上所述,目前关于游客的食物恐惧研究甚少,更多研究集中于食物恐

① 切排,王兰.藏族食物禁忌的人类学解读[J].西藏大学学报(社会科学版),2013,28(1):179-184.

② 谢继胜.战神杂考:据格萨尔史诗和战神祀文对战神、威尔玛、十三战神和风马的研究[J].中国藏学,1991(4):32.

③ 赵慧平.忌讳[M].沈阳:辽宁人民出版社,1990.

新，对于引起游客食物恐惧因素的研究缺乏系统的梳理，本研究在前人研究的基础上从"新引起的恐惧""感官不适引起的恐惧""加工方式不适引起的恐惧""感知风险引起的恐惧"和"禁忌引起的食物恐惧"这五方面来构建食物恐惧的量表及探讨其对游客行为的影响。

四、目的地品牌资产的研究现状综述

（一）国外旅游目的地品牌资产研究综述

虽然品牌资产得到了学术界的广泛关注，然而直到20世纪90年代末，目的地品牌资产才被引入到旅游领域进行研究。经过二十年，旅游目的地品牌资产的研究有了较大的发展，但是仍然处于探索阶段。经过文献查阅，大部分学者对旅游目的地品牌资产的研究主要集中在目的地品牌资产构成部件以及相关模型的研究。

1. 目的地品牌资产的构成部件研究

Aaker[①] 开发的品牌资产维度在旅游领域里得到广泛应用。Boo[②] 等人（2009）将目的地品牌资产分为：目的地品牌意识、目的地品牌形象、目的地品牌质量、目的地品牌价值和目的地品牌忠诚度。而在饮食领域，Horng[③] 等人（2012）提出了与食物有关的目的地品牌资产包括品牌意识、品牌形象、感知质量和品牌忠诚度。山区旅游目的地品牌资产包括六个维度：目的地品牌知名度、目的地形象、社会自我形象、感知质量、感知价值和目的地忠诚度。[④] 岛屿旅游目的地品牌资产包括熟悉（品牌知名度）、形象、价值、质量、

① AAKERD A. Managing brand equity[M]. New York：Free Press，1991.

② BOO S，BUSSER J，BALOGLU S. A model of customer-based brand equity and its application to multiple destinations[J]. Tourism management，2009，30（2）：219–231.

③ HORNG J S，LIU C H，CHOU H Y，et al. Understanding the impact of culinary brand equity and destination familiarity on travel intentions[J]. Tourism management，2012，33（4）：815–824.

④ KAUSHAL V，SHARMA S，REDDY G M. A structural analysis of destination brand equity in mountainous tourism destination in northern India[J]. Tourism and hospitality research，2019，19（4）：452–464.

忠诚以及文化和自然资产。[①] Gomez [②] 等人认为葡萄酒旅游目的地品牌资产维度包括品牌知名度、品牌价值和品牌忠诚度。国外学者对构成维度的选取有不同看法，但是一些能够显著影响目的地品牌资产的维度如品牌形象、品牌知名度、感知质量和品牌忠诚度已经得到广泛认可。[③]

（1）目的地品牌知名度（destination brand awarness）

品牌知名度被认为是品牌资产的关键维度之一，指品牌在消费者心目中的存在。[④] 品牌知名度包括三个层次，分别是品牌识别（brand recognition，顾客能根据线索识别出该品牌的能力）、品牌回忆（brand recall，顾客只要看过该系列产品，即使没有线索也能想到该品牌的能力）、品牌唯一性（brand uniqueness，顾客想要购买产品时，首先想到该品牌的能力）。[⑤] 目的地品牌知名度"指消费者在脑海中回忆和识别目的地的能力"，目的地品牌知名度反映游客对某一特定目的地的知识，或在考虑某一特定旅游背景时，目的地在游客心目中是存在的。[⑥] Cai [⑦] 认为品牌知名度及品牌形象是品牌资产的关键内容。对于目的地，Boo [⑧] 等人指出意识水平是旅游者对目的地品牌体验的最重要指标。

在本研究中，旅游目的地的品牌知名度指的是旅游者在脑海中回忆和识

① SHAHABI F, SANAYEI A, KAZEMI A, et al. Developing an island destination brand equity model: the case of Kish Island in Iran[J]. Journal of convention & event tourism, 2018, 19 (4–5): 420–445.

② GOMEZ M, LOPEZ C, MOLINA A. A model of tourism destination brand equity: the case of wine tourism destinations in Spain[J]. Tourism management, 2015, 51: 210–222.

③ KIM H B, KIM W G. The relationship between brand equity and firms' performance in luxury hotels and chain restaurants[J]. Tourism management, 2005, 26 (4): 549–560; HORNG J S, LIU C H, CHOU H Y, et al. Understanding the impact of culinary brand equity and destination familiarity on travel intentions[J]. Tourism management, 2012, 33 (4): 815–824.

④ AAKERD A. Managing brand equity[M]. New York: Free Press, 1991.

⑤ GOMEZ M, LOPEZ C, MOLINA A. A model of tourism destination brand equity: the case of wine tourism destinations in Spain[J]. Tourism management, 2015, 51: 210–222.

⑥ PIKE S, BIANCHI C, KERR G, et al. Consumer-based brand equity for Australia as a long-haul tourism destination in an emerging market[J]. International marketing review, 2010, 27 (4): 434–449.

⑦ ZHANG H, FU X, CAI L A, et al. Destination image and tourist loyalty: a meta-analysis[J]. Tourism management, 2014, 40: 213–223.

⑧ BOO S, BUSSER J, BALOGLU S. A model of customer-based brand equity and its application to multiple destinations[J]. Tourism management, 2009, 30 (2): 219–231.

别目的地的能力。

（2）目的地品牌形象

品牌形象可以追溯到1951年（Feldwick，1996），从那时起，对这个词的明确的内涵和概念获得了广泛的学术讨论。在20世纪70年代后期，形象研究被用于休闲领域，[①] 形象研究引起了目的地从业者和研究人员的兴趣。目的地形象包括两个层次：原生形象（organic image）和诱导形象（induced image）。目的地形象是个体对目的地的信念、想法和印象的综合。[②] Bullmore[③]，Martínez 和 Pina [④] 认为品牌形象包括认知形象和情感形象。“一个包含思想、意见、感受、可视化和意图的互动系统。”[⑤] Zhang 等人 [⑥] 认为目的地形象涉及对信念和印象的整理，这些信念和印象有不同的来源，是对目的地的属性和其他利益的精神理解。

在本研究中，目的地的品牌形象主要指的是旅游者对目的地的主观认识。

（3）目的地感知质量

感知质量是品牌资产另一个重要的维度，[⑦] 有时候会与品牌质量互换使用。Zeithaml [⑧] 指出感知质量是指顾客对产品总的质量和优势的个人评判。感知质

① GUNN C A. Vacationscape：designing tourist regions［M］. Austin：Bureau of Business Research，University of Texas，1972.

② LEE T H，CROMPTON J. Measuring novelty seeking in tourism［J］. Annals of tourism research，1992，19（4）：732–751.

③ BULLMORE J. The brand and its image re-visited［J］. International journal of advertising，1984，3（3）：235–238.

④ MARTINS Y，PLINER P. “Ugh! That’s disgusting!”：identification of the characteristics of foods underlying rejections based on disgust［J］. Appetite，2006，46（1）：75–85.

⑤ TASCI A D，GARTNER W C，CAVUSGIL S T. Measurement of destination brand bias using a quasi-experimental design［J］. Tourism management，2007，28（6）：1529–1540.

⑥ ZHANG H，FU X，CAI L A，et al. Destination image and tourist loyalty：a meta-analysis［J］. Tourism management，2014，40：213–223.

⑦ AAKERD A. Managing brand equity［M］. New York：Free Press，1991；BOO S，BUSSER J，BALOGLU S. A model of customer-based brand equity and its application to multiple destinations［J］. Tourism management，2009，30（2）：219–231；KELLER K L. Conceptualizing，measuring，and managing customer–based brand equity［J］. Journal of marketing，1993，57（1）：1–22.

⑧ ZEITHAML V A. Consumer perceptions of price，quality，and value：a means-end model and synthesis of evidence［J］. Journal of marketing，1988，52（3）：2–22.

量是顾客关于产品质量的认知，具有主观性。在旅游中，感知质量是目的地品牌资产的一个核心维度[①]。Konecnik[②]和Gartner[③]认为目的地的感知质量可以被定义为游客对目的地的感知，以满足与他们的旅行相关的期望和需求的能力。Pike[④]认为目的地的质量为游客对目的地基础设施、酒店服务和便利设施（如住宿）质量的相关意见。由于目的地提供的产品不同于传统的有形产品，同时生产与消费的同步性，消费的异地性，导致消费者无法事先对产品质量进行判断，只能通过旅游目的地的营销信息形成期望质量，旅游者在旅游行为发生后，将自身旅游体验与期望质量进行比较后才能对目的地的质量进行评价。

在本研究中，目的地的感知质量是指，美食旅游者通过旅游，依据目的地的实际质量和预期质量的比较形成的对目的地品牌质量的评价。

（4）目的地品牌忠诚

品牌忠诚是品牌资产的核心，Lassar[⑤]指出，品牌资产源于消费者对品牌的信任，这种信任最终转化为消费者忠诚度和支付更高的价格的意愿。自品牌忠诚概念出现以来，学者们便从不同视角对其界定，一个是行为视角，如Brown（1952）认为，品牌忠诚的表现是重复购买和向他人推荐。因此，判断一个品牌是否成功不是统计有消费者曾经购买过该品牌，而是有多少消费者经常重复购买。另一个是态度视角，表现为对某品牌具有特定的偏好，如Dick（1994）认为，品牌忠诚除了表现在重复购买以外，还应该表现为对该

① PIKE S, BIANCHI C, KERR G, et al. Consumer-based brand equity for Australia as a long-haul tourism destination in an emerging market[J]. International marketing review, 2010, 27（4）: 434–449; BOO S, BUSSER J, BALOGLU S. A model of customer-based brand equity and its application to multiple destinations[J]. Tourism management, 2009, 30（2）: 219–231.

② KONECNIK M, GARTNER W C. Customer-based brand equity for a destination[J]. Annals of tourism research, 2007, 34（2）: 400–421.

③ TASCI A D, GARTNER W C, CAVUSGIL S T. Measurement of destination brand bias using a quasi-experimental design[J]. Tourism management, 2007, 28（6）: 1529–1540.

④ PIKE S, BIANCHI C, KERR G, et al. Consumer-based brand equity for Australia as a long-haul tourism destination in an emerging market[J]. International marketing review, 2010, 27（4）: 434–449.

⑤ LASSAR W, MITTAL B, SHARMA A. Measuring customer-based brand equity[J]. Journal of consumer marketing, 1995, 12（4）: 11–19.

品牌长期持有积极的态度。Oliver^①认为品牌忠诚指"通过一致购买特定品牌，在未来重新购买或重新赞助首选产品或服务的坚定承诺"，这个概念受到了广泛认可。

对目的地而言，行为忠诚意味着游客的体验会影响将来的旅游决定，尤其是目的地选择。旅游研究表明，重复游客的营销成本比首次访问目的地的游客要低很多，^②旅游文献还表明，游客的忠诚加强了与目的地的情感联系，^③目的地品牌忠诚被视为目的地成功的一个指标，因为反复访问和积极的口碑所带来的经济效益是巨大的。^④品牌忠诚度被认为是人们态度和行动的二维结构。^⑤行为忠诚度是指对同一品牌回购的次数或购买同一品牌的数量。^⑥态度忠诚度被定义为"忠于焦点品牌的倾向，以购买它作为一个主要的选择"^⑦。目的地品牌忠诚度指游客对目的地的偏好，表现在重新访问目的地的意图（行为忠诚），并将其推荐给他人（态度忠诚）。^⑧在旅游业中，研究态度忠诚比行为忠诚更合适，因为旅游者即使不去目的地，也可以忠于目的地。^⑨

在本研究中，目的地的品牌忠诚是指美食旅游者对目的地的忠诚倾向，是对未来行为意图的承诺，既包括行为的，也包括态度的。本研究采用是否会向他人推荐该地美食和为了品尝当地美食而回访目的地作为美食旅游者忠

① OLIVER R L. Whence consumer loyalty?［J］. Journal of marketing, 1999, 63（4）: 33–44.

② ZHANG H, FU X, CAI L A, et al. Destination image and tourist loyalty: a meta-analysis［J］. Tourism management, 2014, 40: 213–223.

③ SUN X, CHI C G Q, XU H. Developing destination loyalty: the case of Hainan Island［J］. Annals of tourism research, 2013, 43: 547–577.

④ CHI C G, QU H. Examining the structural relationships of destination image, tourist satisfaction and destination loyalty: an integrated approach［J］. Tourism management, 2008, 29: 624–636.

⑤ CHI C G, QU H. Examining the structural relationships of destination image, tourist satisfaction and destination loyalty: an integrated approach［J］. Tourism management, 2008, 29: 624–636.

⑥ TELLIS G J. Advertising exposure, loyalty, and brand purchase: a two-stage model of choice［J］. Journal of marketing research, 1988, 25（2）: 134–144.

⑦ OLIVER R L. Whence consumer loyalty?［J］. Journal of marketing, 1999, 63（4）: 33–44.

⑧ PIKE S. Consumer-based brand equity for destinations: practical DMO performance measures［J］. Journal of travel & tourism marketing, 2007, 22（1）: 51–61.

⑨ CHEN J S, GURSOY D. An investigation of tourists destination loyalty and preferences［J］. International journal of contemporary hospitality management, 2001, 13（2）: 79–85.

诚指标。

（5）整体目的地品牌资产

整体的目的地品牌资产这一概念是由 Yoo 等人[①]提出的。Tran 等人[②]指出由于每个品牌、行业、目标市场的不同，各个维度对整体品牌资产的贡献可能会有所不同，即使是同一个品牌，针对不同的目标市场，其品牌价值也是不同的。[③]由于目的地品牌和游客种类之间的差异，每个维度如何影响整体目的地品牌资产完全不同。同时，随着旅游业品牌之间的竞争成为旅游管理的重要组成部分，目的地营销人员急需关注目的地品牌资产的各个方面，以提升目的地品牌的整体品牌资产。[④]而在现有的旅游研究中，很少有研究同时检查目的地品牌资产四个维度的因果关系及其对整体目的地品牌资产的影响。[⑤]因此，十分有必要测量每个维度对特定的目标市场的整体品牌资产的影响。如果目的地营销人员和决策者彻底了解这些维度以及这些维度在多大程度上的贡献，则可以丰富和轻松地管理整体目的地品牌资产。因此，本研究计划通过研究目的地品牌资产各维度之间的关系及其对整体目的地品牌资产的影响，从而填补知识空白。

2. 目的地品牌资产的相关模型研究

国外学者经常应用 Keller[⑥]的基于顾客的品牌资产概念，以游客为研究视角来对目的地品牌资产进行探索性研究，CBBE 模型在旅游业中被证实是可

---

① YOO B，DONTHU N，LEE S. An examination of selected marketing mix elements and brand equity［J］. Journal of the academy of marketing science，2000，28（2）：195–211.

② TRAN V T，NGUYEN N P，TRAN P T K，et al. Brand equity in a tourism destination：a case study of domestic tourists in Hoi An city，Vietnam［J］. Tourism review，2019，74（3）：704–720.

③ BOO S，BUSSER J，BALOGLU S. A model of customer-based brand equity and its application to multiple destinations［J］. Tourism management，2009，30（2）：219–231.

④ KASHIF M，SAMSI S Z M，SARIFUDDIN S. Brand equity of Lahore Fort as a tourism destination brand［J］. Revista de administração de empresas，2015，55：432–443.

⑤ TRAN V T，NGUYEN N P，TRAN P T K，et al. Brand equity in a tourism destination：a case study of domestic tourists in Hoi An city，Vietnam［J］. Tourism review，2019，74（3）：704–720.

⑥ KELLER K L. Conceptualizing，measuring，and managing customer-based brand equity［J］. Journal of marketing，1993，57（1）：1–22.

行的。Konecnik 和 Gartner [1] 最早将 CBBE 用于目的地，将目的地认知、目的地形象、感知质量和忠诚作为品牌忠诚的四个维度对游客和斯洛文尼亚品牌资产进行研究。研究表明，游客的认知形象会显著影响情感形象，而情感形象又对行为成分产生正向影响。Andrea 等人 [2] 运用基于顾客的品牌资产概念，对意大利南蒂罗尔目的地的品牌资产进行研究，将品牌认知、品牌形象、品牌承诺（commitment）以及满意度、忠诚度作为品牌资产的构成维度。Stella 和 John（2014）以罗马的游客作为研究对象，在品牌认知、品牌形象、品牌质量和品牌忠诚的基础上，增加了文化品牌财产，开发新的目的地品牌资产模型。该模型将文化品牌财产作为始末，通过对目的地品牌认知、品牌质量、品牌联想的积极影响，最终促成了品牌忠诚的形成。Boo 等人 [3] 研究了美国两个博彩目的地品牌资产模型，将目的地品牌资产分为目的地品牌意识、目的地品牌形象、目的地品牌感知质量、目的地品牌价值和目的地品牌忠诚度。Kaushal 等人 [4] 研究了印度北部山区旅游目的地品牌资产模型，认为山区旅游目的地品牌资产包括六个方面：目的地品牌意识、目的地形象、社会自我形象、感知质量、感知价值和目的地忠诚度。Kim 等人 [5] 研究了亚洲背景下，香港游客对两个国际旅游目的地品牌资产的评估。

通过对国外文献的回顾发现，品牌资产在旅游休闲方面研究比较多，主

[1] KONECNIK M, GARTNER W C. Customer-based brand equity for a destination [J]. Annals of tourism research, 2007, 34（2）：400–421.

[2] ANDREA S, CRISTINA M, MAGDA A C. Tourist destination brand equity and internal stakeholders: an empirical research [J]. Journal of vacation marketing, 2012, 18（4）：327–340.

[3] BOO S, BUSSER J, BALOGLU S. A model of customer-based brand equity and its application to multiple destinations [J]. Tourism management, 2009, 30（2）：219–231.

[4] KAUSHAL V, SHARMA S, REDDY G M. A structural analysis of destination brand equity in mountainous tourism destination in northern India [J]. Tourism and hospitality research, 2019, 19（4）：452–464.

[5] KIM S H, HAN H S, HOLLAND S, et al. Structural relationships among involvement, destination brand equity, satisfaction and destination visit intentions: the case of Japanese outbound travelers [J]. Journal of vacation marketing, 2009, 15（4）：349–365.

要集中在目的地、[①] 餐馆、[②] 航空公司、[③] 酒店 [④] 和赌场 [⑤]。而在研究地域上也主要集中在西方国家 [⑥]。但是还缺少在中国背景下的研究，而在美食旅游中，中国地大物博，南北差异巨大，饮食方式和饮食习俗存在很大的差异，在中国的背景下，研究食物旅游目的地品牌资产是有意义的。也支持 Cai [⑦] 应该确定多维度评价品牌资产，并且在不同情境下，多样化的定量研究。Boo 等人 [⑧] 也指出，由于目的地的复杂性，品牌资产的开发及衡量是有挑战的。同时，在旅游消费中，食物消费占整个旅游支出的40%。[⑨] 虽然品牌资产被认为是增强竞争优势和旅游营销战略以促进目的地差异化的关键属性，但很少有旅游学

① KONECNIK M，GARTNER W C. Customer-based brand equity for a destination [J]. Annals of tourism research，2007，34（2）：400–421；KAUSHAL V，SHARMA S，REDDY G M. A structural analysis of destination brand equity in mountainous tourism destination in northern India [J]. Tourism and hospitality research，2019，19（4）：452–464.

② NAM J，EKINCI Y，WHYATT G. Brand equity，brand loyalty and consumer satisfaction [J]. Annals of tourism research，2011，38（3）：1009–1030；MAJID M A A，ALIAS M M，SAMSUDIN A，et al. Assessing customer-based brand equity ratings in family restaurant [J]. Procedia economics and finance，2016，37：183–189.

③ CHEN C F，CHANG Y. Airline brand equity，brand preference，and purchase intentions-the moderating effects of switching costs [J]. Journal of air transport management，2008，14：40–42.

④ ZHOU Y，JIANG J. The impacts of customer-based brand equity on revisit intentions：an empirical study on business and leisure traveler at five Shanghai budget hotels [J]. Research journal of international studies，2011，22：110–119；NAM J，EKINCI Y，WHYATT G. Brand equity，brand loyalty and consumer satisfaction [J]. Annals of tourism research，2011，38（3）：1009–1030.

⑤ TSAI C T. Memorable tourist experiences and place attachment when consuming local food [J]. International journal of tourism research，2016，18（6）：536–548.

⑥ GOMEZ M，LOPEZ C，MOLINA A. A model of tourism destination brand equity：the case of wine tourism destinations in Spain [J]. Tourism management，2015，51：210–222；PIKE S，BIANCHI C. Destination brand equity for Australia：testing a model of CBBE in short-haul and long-haul markets [J]. Journal of hospitality & tourism research，2016，40（1）：114–134；BOO S，BUSSER J，BALOGLU S. A model of customer-based brand equity and its application to multiple destinations [J]. Tourism Management，2009，30（2）：219–231.

⑦ CAI L A. Cooperative branding for rural destinations [J]. Annals of tourism research，2002，29（3）：720–742.

⑧ BOO S，BUSSER J，BALOGLU S. A model of customer-based brand equity and its application to multiple destinations [J]. Tourism management，2009，30（2）：219–231.

⑨ LIU C H. Integration of different perspectives of culinary brand equity [J]. Journal of hospitality & tourism management，2020，45：152–161.

者使用实证来证明烹饪品牌资产的维度及其对旅游目的地管理的影响。[①]

（二）国内旅游目的地品牌资产研究综述

直到20世纪初，国内才有研究者正式提出了旅游目的地品牌的定义。[②]目的地品牌资产探索是从目的地形象开始，其研究主要关注目的地形象感知、营销管理和实证研究。[③]宋海章（2000）从游客的视角对目的地形象进行分析。随后，学术界才开始对目的地品牌资产进行关注，并且分为两个方面：一是目的地品牌资产概念的界定；二是对目的地品牌资产模型部件构成及评价指标的研究。崔凤军和顾永键[④]从财务视角对目的地品牌资产进行了研究，认为景区品牌资产是与景区品牌、名称、标志等有重要联系的一个资产或负债集合，能够显著影响景区商品或服务。沈鹏熠[⑤]提出了基于游客的目的地品牌资产概念，指出目的地品牌资产是游客在旅游活动过程中，因目的地品牌认知而对目的地各种营销活动，在心理认知、主观情感、态度及行为方面产生的差异化反应。而在目的地品牌资产的维度构成和指标评价中，邓衡[⑥]指出品牌资产包括品牌知名度、品牌认知度、品牌忠诚度、品牌联想和其他资产。伍进和张素杰[⑦]基于顾客感知视角对主题公园的品牌资产进行了探索，通过实证研究，指出品牌资产的品牌形象、知名度、感知质量和忠诚之间不是孤立的，

① JIANG W H, LI Y Q, LIU C H, et al. Validating a multidimensional perspective of brand equity on motivation, expectation, and behavioural intention: a practical examination of culinary tourism [J]. Asia Pacific journal of tourism research, 2017, 22（5）: 524-539; HORNG J S, LIU C H, CHOU H Y, et al. Understanding the impact of culinary brand equity and destination familiarity on travel intentions [J]. Tourism management, 2012, 33（4）: 815-824.

② 李树民，支喻，邵金萍. 论旅游地品牌概念的确立及设计构建 [J]. 西北大学学报（哲学社会科学版），2002, 32（3）: 35-38.

③ 黄洁. 国际级风景名胜区的品牌资产研究：基于大学生短途旅游者视角 [D]. 上海：复旦大学，2012.

④ 崔凤军，顾永键. 景区型目的地品牌资产评估的指标体系构建与评估模型初探 [J]. 旅游论坛，2009, 2（1）: 67-71.

⑤ 沈鹏熠. 旅游目的地品牌资产的结构及其形成机理：基于目的地形象视角的实证研究 [J]. 经济经纬，2014, 31（1）: 112-117.

⑥ 邓衡. 国外旅游目的地品牌化进展研究 [J]. 江西金融职工大学学报，2006（51）: 82-83.

⑦ 伍进，张素杰. 基于旅游者感知视角的主题公园品牌资产模型探析 [C] //Wuhan University, Chung Hua University, University of Science, et al. Proceedings of international conference on engineering and business management（EBM 2012）. 桂林：桂林理工大学旅游学院，2012.

任何一个维度出现问题都会影响到其他维度。此外，我国学术界对目的地品牌资产的研究还和城市、地区品牌资产以及旅游目的地竞争优势研究存在交叉。沈鹏熠[①]对目的地品牌资产的构成进行研究，包括目的地品牌认知、品牌质量、品牌信任、品牌价值和品牌忠诚的重要维度，并且他们之间存在显著的因果关系。许春晓和莫莉萍[②]以湖南凤凰古城为研究对象，提出了品牌认知、品牌形象、品牌质量、品牌价值、品牌忠诚五个维度的品牌资产二阶驱动模型。

通过对国内外文献的研究发现，目的地品牌资产是旅游研究中一个重要的议题，也取得了丰硕的成果，但是对目的地品牌资产维度构成尚未达成共识，还需要进一步研究讨论。尽管在之前的一些研究中或多或少地考察了目的地品牌资产的维度，也承认品牌资产各维度间在潜在因果关系的重要性方面存在层次关系。然而，很少有研究通过实证检验品牌资产维度是如何相互关联的，以及这些维度对整体目标品牌资产的影响。[③]因此，在本研究中，基于顾客的品牌资产模型，采用目的地品牌知名度、目的地品牌形象、目的地品牌感知质量、目的地品牌忠诚度和整体目的地品牌资产这几个维度来衡量美食旅游者对目的地品牌资产的感知，以丰富目的地品牌资产理论和模型。

五、旅游目的地满意度的研究现状综述

游客满意度对旅游目的地营销至关重要，因其会影响游客在旅途中的支出和重游。[④]在旅游业中，游客的满意度是目的地取得成功的关键因素，旅游企业希望最大限度地提高游客的满意度来增加他们重游的意愿，因为良好的客户回馈是发展长期可持续经营的关键（Héctor San Martín，Angel Herrero and María del Mar García de los Salmones，2019）。

① 沈鹏熠. 旅游目的地品牌资产的结构及其形成机理：基于目的地形象视角的实证研究［J］. 经济经纬，2014，31（1）：112-117.

② 许春晓，莫莉萍. 旅游目的地品牌资产驱动因素模型研究：以凤凰古城为例［J］. 旅游学刊，2014，29（7）：77-87.

③ KASHIF M，SAMSI S Z M，SARIFUDDIN S. Brand equity of Lahore Fort as a tourism destination brand［J］. Revista de administração de empresas，2015，55：432-443.

④ WONG J，LAW R. Difference in shopping satisfaction levels：a study of tourists in Hong Kong［J］. Tourism management，2003，24（4）：401-410；KOZAK M，RIMMINGTON M. Tourist satisfaction with Mallorca, Spain, as an off-season holiday destination［J］. Journal of travel research，2000，38（3）：260-269.

在已有的对满意度的调查中，满意度可以作为自变量，也可以作为因变量来研究。如满意度会影响忠诚度和购后行为，[1] 具有较高满意度的游客可能会产生重新访问目的地的意图，并积极将该目的地推荐给别人，或者倾向于发表对目的地的积极言论。而影响满意度的因素中，包括了期望、[2] 主客体行为（Pizam et al., 2000）、目的地形象、[3] 旅游动机、[4] 体验真实性、[5] 感知品质 [6] 等。Yoon 和 Usyal [7] 用期望理论调查了游客对目的地的满意度，发现期望、品牌资产是满意度的前置因素。

旅游研究者在不同的领域探讨了满意度，如旅游目的地 [8]，酒店 [9]、餐厅 [10]，

① CHEN C F, TSAI D C. How destination image and evaluative factors affect behavioral intentions? [J]. Tourism management, 2007, 28 (4): 1115–1122; OLIVER R L. A cognitive model of the antecedents and consequences of satisfaction decisions [J]. Journal of marketing research, 1980, 17 (4): 460–469.

② OLIVER R L. A cognitive model of the antecedents and consequences of satisfaction decisions [J]. Journal of marketing research, 1980, 17 (4): 460–469.

③ BIGNE J, SANCHEZ M, SANCHEZ J. Tourism image, evaluation variables and after purchase behavior: inter-relationships [J]. Tourism management, 2001, 22 (6): 607–616; BARROSO C C, ARMARIO E M, RUIZ D M. The influence of market heterogeneity on the relationship between a destination's image and tourists' future behaviour [J]. Tourism management, 2007, 28 (1): 175–187; CHI C G, QU H. Examining the structural relationships of destination image, tourist satisfaction and destination loyalty: an integrated approach [J]. Tourism management, 2008, 29: 624–636.

④ YOON Y, UYSAL M. An examination of the effects of motivation and satisfaction on destination loyalty: a structural model [J]. Tourism management, 2005, 26 (1): 45–56.

⑤ LU A C C, GURSOY D, LU C Y. Authenticity perceptions, brand equity and brand choice intention: the case of ethnic restaurants [J]. International journal of hospitality management, 2015, 50: 36–45.

⑥ ANDERSON E W, SULLIVAN M W. The antecedents and consequences of customer satisfaction for firm [J]. Marketing Science, 1993, 13: 125–143; BAKER D A, CROMPTON J L. Quality, satisfaction and behavioral intentions [J]. Annals of tourism research, 2000, 27 (3): 785–804.

⑦ YOON Y, UYSAL M. An examination of the effects of motivation and satisfaction on destination loyalty: a structural model [J]. Tourism management, 2005, 26 (1): 45–56.

⑧ DE NISCO A, RIVIEZZO A, NAPOLITANO M R. An importance-performance analysis of tourist satisfaction at destination level: evidence from Campania (Italy) [J]. European journal of tourism, 2015, 10: 64–75; COBAN S. The effects of the image of destination on tourist satisfaction and loyalty: the case of cappadocia [J]. European journal of social sciences, 2012, 29 (2): 222–232.

⑨ KIM W G, MA X, KIM D J. Determinants of Chinese hotel customers' e-satisfaction and purchase intentions [J]. Tourism management, 2006, 27 (5): 890–900.

⑩ CHENG S, CHENG S, LAM T, et al. Testing the sufficiency of the theory of planned behavior: a case of customer dissatisfaction responses in restaurants [J]. International journal of hospitality management, 2005, 24 (4): 475–492.

休闲旅游，户外体验。[1]关于满意度的衡量，包括多维和单一问项即总体满意度。在旅游领域文献中，大量研究用单一问项来衡量满意度。[2]一般采用李克特量表询问游客"你对旅游目的地满意度是？"在本研究中，也采用单一维度调查游客对目的地的满意度。

六、推拉理论

19世纪80年代，英国学者 E·Ravenstein 的著作《人口迁移规律》（*population migration*）一书中，最早提出了推拉理论的思想。20世纪60年代，美国学者（E.S.Lee）对推拉理论进一步完善和修正，提出了更为系统的推拉理论。在旅游研究中，Dann [3] 提出了旅游动机的"推—拉"理论（Push-Pull Theory）。在此模型中，旅游的动机是由游客内在"推"的力量和外部"拉"的力量两者共同作用导致的。"推"的力量是由游客自身内部的欲望和需求驱动而产生的；"拉"的力量是来自外部的，如目的地的住宿、美食、优美的自然风光等。"推（push）指的是引导个人旅行的心理—社会动机"[4]，是旅行的内在力量；逃避、放松、关系、知识、自尊、家庭团结和娱乐是推动动机。[5]"拉（pull）指的是目的地本身的属性"[6]，指的是一种外力，导致游客在决定旅行后选择一个目的

---

① MUTANGA C N, VENGESAYI S, CHIKUTA O, et al. Travel motivation and tourist satisfaction with wildlife tourism experiences in Gonarezhou and Matusadona National Parks, Zimbabwe［J］. Journal of outdoor recreation and tourism, 2017, 20: 1–18.

② CHEN C F, TSAI D C. How destination image and evaluative factors affect behavioral intentions?［J］. Tourism management, 2007, 28（4）: 1115–1122; CHI C G, QU H. Examining the structural relationships of destination image, tourist satisfaction and destination loyalty: an integrated approach［J］. Tourism management, 2008, 29: 624–636.

③ DANN G M. Anomie, ego-enhancement, and tourism［J］. Annals of tourism research, 1977, 4: 184–194.

④ BALOGLU S, UYSAL M. Market segments of push and pull motivations: a canonical correlation approach［J］. International journal of contemporary hospitality management, 1996, 8（3）: 32–38; CROMPTON J L. An assessment of the image of Mexico as a vacation destination and the influence of geographical location upon that image［J］. Journal of travel research, 1979, 17（4）: 18–23.

⑤ KLENOSKY D B. The "pull" of tourism destinations: a means-end investigation［J］. Journal of travel research, 2002, 40（4）: 396–403.

⑥ YOON Y, UYSAL M. An examination of the effects of motivation and satisfaction on destination loyalty: a structural model［J］. Tourism management, 2005, 26（1）: 45–56.

地而不是另一个目的地的因素。天气、风景、景点、物理设施、机票、历史和文化等都是拉动力量。[①]

Dann[②] 通过分析提出了两大推力因素：当前生活的失范和自我提升。Crompton[③] 提出内部 "推" 力分为七个部分：逃避、休闲娱乐、实现自我价值、社会地位、回归自然、友谊与人际交往。Uysal 和 Jurowski（1994）通过对美澳游客的动机分析，得出了 "新奇" "威信" "促进家庭关系" "休闲娱乐" "逃逸" 等五大不同类型的因素；Loker-Murphy（1995）通过聚类分析，从推力角度对澳大利亚国家公园的徒步旅行者进行分类，得出了 "成就" "探险" "自我发展" "休闲" 四类动机因子。Kim 等人[④] 应用推拉理论研究美食旅游者的动机，以及其食物消费行为，指出旅游动机的推动因素被确定为创造或产生旅行欲望的精神状态，包括：逃跑、放松、声望、健康、冒险、社会互动和家庭团结。拉动因素被确定为特征、景点的吸引力和目的地本身的属性。因此，旅游动机推力因素是旅游者自身起主导作用的内部驱动力。推动因素是由于内心的不平衡和紧张而产生想要旅游的欲望。有人认为推动因素源于动机，而拉动因素主要是目的地的吸引物导致的[⑤]。表2.12列出了推拉理论在旅游中的应用。

① DANN G M. Anomie，ego-enhancement，and tourism［J］．Annals of tourism research，1977，4：184–194.

② CROMPTON J L. An assessment of the image of Mexico as a vacation destination and the influence of geographical location upon that image［J］．Journal of travel research，1979，17（4）：18–23.

③ UYSAL M，JUROWSKI C. Testing the push and pull factors［J］．Annals of tourism research，1994，21（4）：844–846.

④ KIM Y G，SUH B W，EVES A. The relationships between food-related personality traits，satisfaction，and loyalty among visitors attending food events and festivals［J］．International journal of hospitality management，2010，29（2）：216–226.

⑤ YOON Y，UYSAL M. An examination of the effects of motivation and satisfaction on destination loyalty：a structural model［J］．Tourism management，2005，26（1）：45–56.

表2.12 推拉理论在旅游中的应用

主要观点	作者
推力因素会对游客的出行决策造成影响，而拉力因素会对目的地选择造成影响	Klenosky，2002[1]
目的地的"拉力"因素主要表现在目的地当地具有代表性的特色文化及其吸引力	Prayag and Ryan，2011[2]
旅游吸引力系统是由目的地拉力、游客需求推力、旅游融合度三个要素组成	崔晓燕，2017[3]
目的地吸引力和接待游客的人数之间存在显著的正相关关系。而在游客人数差别不大的情况下，距离的远近与吸引力成反比	张红贤等，2018[4]

资料来源：本研究整理。

推拉模型是解释旅游行为[5]和旅游动机[6]的一种常用方法。在推拉模型的关系中，推动力量被认为先于拉动力量，因为拉动因素只有在决定旅行时才会被考虑到，比如，要去哪里，在选择的目的地要看什么和做什么[7]（Zoltan and Masiero，2012）。Klenosky[8]认为推动因素解决的是"是否去"的问题，

[1] KLENOSKY D B. The "pull" of tourism destinations: A means-end investigation [J]. Journal of travel research, 2002, 40 (4): 396-403.

[2] PRAYAG G, RYAN C. The relationship between the "push" and "pull" factors of a tourist destination: the role of nationality-an analytical qualitative research approach [J]. Current issues in tourism, 2011, 14 (2): 121-143.

[3] 崔晓燕. 旅游者体验视角下的历史街区旅游吸引力研究：以成都市宽窄巷子为例 [D]. 成都：四川师范大学, 2007.

[4] 张红贤, 游细斌, 白伟杉, 等. 目的地旅游吸引力测算及相关因素分析 [J]. 经济地理, 2018, 38 (7): 199-208.

[5] CHEN L J, CHEN W P. Push-pull factors in international birders' travel [J]. Tourism management, 2015, 48: 416-425.

[6] UYSAL M, JUROWSKI C. Testing the push and pull factors [J]. Annals of tourism research, 1994, 21 (4), 844-846.

[7] KIM S S, LEE C K, KLENOSKY D B. The influence of push and pull factors at Korean national parks [J]. Tourism management, 2003, 24 (2): 169-180.

[8] KLENOSKY D B. The "pull" of tourism destinations: A means-end investigation [J]. Journal of travel research, 2002, 40 (4): 396-403.

拉动因素解决的是"去哪里"的问题。Sato 等人 [1] 在对日本冒险旅游者的研究中发现，推动因素对拉动因素有积极影响。

根据推拉理论，推动力量一般是指促使人们旅游的内在力量，一般源于动机；而拉动力量一般是指目的地本身的属性。所以在本研究中，将从两方面探讨其对游客行为的影响，以及对游客目的地品牌资产的感知。

七、基于顾客的品牌资产模型

通过回顾文献，不同的学者和机构基于不同的目的和视角对品牌资产进行了研究，从顾客的角度来探讨品牌资产的研究如下。

McQuenn（1991）认为品牌资产指的是已有品牌对于顾客的价值和没有该品牌的同样产品的价值之差。Aaker [2] 认为品牌资产包括品牌意识、品牌形象、感知质量、品牌忠诚和其他的专有资产。Keller [3] 是最早正式提出基于顾客的品牌资产（Customer-based brand equity，CBBE）概念的学者，他强调品牌资产是"顾客优先于财务"，因为他认为品牌之所以对企业有价值，在于品牌对顾客有价值。Keller [4] 认为品牌资产指的是顾客头脑中已有的品牌知识所产生的对品牌营销活动的差异化反应。当消费者对品牌熟悉，并持有积极的品牌联想，基于顾客的品牌资产就产生了。他从认知心理学出发提出了"基于顾客的品牌资产模型"（CBBE 模型）。Keller [5] 认为消费者对品牌的认知分为显性知识认知与隐性知识认知，品牌意识是创造品牌资产的关键。Keller [6] 提出

① SATO S, KIM H, BUNING R J, et al. Adventure tourism motivation and destination loyalty: a comparison of decision and non-decision makers [J]. Journal of destination marketing & management, 2018, 8: 74–81.

② AAKERD A. Managing brand equity [M]. New York: Free Press, 1991.

③ KELLER K L. Conceptualizing, measuring, and managing customer-based brand equity [J]. Journal of marketing, 1993, 57 (1): 1–22.

④ KELLER K L. Conceptualizing, measuring, and managing customer-based brand equity [J]. Journal of marketing, 1993, 57 (1): 1–22.

⑤ KELLER K L. Building customer-based brand equity: a blueprint for creating strong brand [J]. Marketing management, 2001, 10 (2): 15–19.

⑥ KELLER K L. Building customer-based brand equity: a blueprint for creating strong brand [J]. Marketing management, 2001, 10 (2): 15–19.

的 CBBE 模型概念从品牌知识出发，基于消费者的回忆、识别产生购买，其模型图如图2.1。

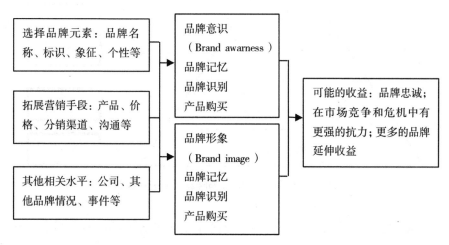

图2.1 Keller（1996）基于顾客的品牌资产模型

Lassar ① 等人（1995）认为品牌资产是品牌名称加诸产品上，顾客所增加的认知效用与好处。Zeynep 和 Duriairaj（1998）指出当一个品牌在顾客心目中具有强烈的积极联想，并创造了品牌忠诚度时，则说明品牌具有品牌资产。上述基于顾客的品牌资产强调了品牌资产的价值在于顾客对品牌所产生的认知价值，并由此在顾客心目中产生的品牌竞争优势。Keller 于 1996 年提出的 CBBE 模型成为品牌资产研究的经典理论，在此基础上，2001年，Keller 提出了基于顾客的品牌资产金字塔模型，如图2.2所示。

---

① LASSAR W, MITTAL B, SHARMA A. Measuring customer-based brand equity［J］. Journal of consumer marketing, 1995, 12（4）: 11-19.

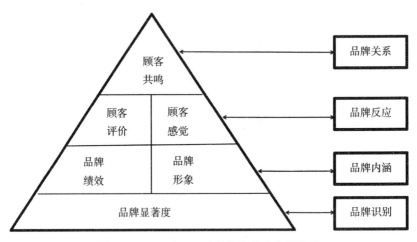

图2.2 Keller（2001）品牌资产金字塔模型

在随后的2006年，Keller进一步完善了基于顾客的品牌资产模型，将品牌意识（awarness）、品牌联想（association）、品牌态度（attitude）、品牌依附（attachment）和品牌行为（activity）纳入品牌资产模型中，强调品牌资产不仅包括品牌认知，还包括行为变量。

在过去十年中，Aaker[①]和Keller[②]的定义和模型被应用在不同的社会领域中，包括旅游与酒店（目的地、酒店、节庆和餐厅）。正如Blain等[③]提出，对旅游目的地的品牌资产评价可以通过对旅游者的调查进行，以测定品牌本体在目标市场是否成功。最早在目的地背景下应用CBBE模型研究的是

① AAKERD A. Managing brand equity[M]. New York：Free Press，1991.

② KELLER K L. Conceptualizing，measuring，and managing customer-based brand equity[J]. Journal of marketing，1993，57（1）：1–22；KELLER K L. Building customer-based brand equity：a blueprint for creating strong brands[J]. Marketing management，2001，10（2）：15–19.

③ BLAIN C，LEVY S E，RITCHIE R B. Destination branding：insights and practices from destination management organizations[J]. Journal of travel research，2005，43：328–338.

Konecnik 和 Gartner [1],Pike [2]，和 Boo 等人 [3]。Konecnik 和 Gartner [4] 最早提出了基于客户的目的地品牌资产，包括品牌意识、品牌形象、感知质量和品牌忠诚。Pike [5] 则认为基于客户的目的地品牌资产包括品牌意识、品牌联想、品牌共鸣和品牌忠诚。Boo 等人 [6] 虽然和他们差不多，但是他们提出了品牌资产的层次关系，指出品牌知名度影响品牌体验，品牌体验直接影响品牌价值，并经由品牌价值间接影响品牌忠诚。

（一）Konecnik 和 Gartner 的模型

Konecnik 和 Gartner [7] 是最早基于游客的视角来研究目的地品牌资产的学者，结合 Aaker 和 Keller 的模型，调查了德国和克罗地亚游客对斯洛文尼亚的品牌资产评价，提出了品牌知名度、品牌形象、品牌质量、品牌忠诚的四维模型，发现不同的细分市场，每个维度对品牌资产的影响程度不同，即使同一目的地品牌资产在不同目标市场上也有所差异。虽然 Konecnik 和 Gartner 是最早基于顾客进行目的地品牌资产研究的，但是他们没有区分形象的概念，同时也没有对各维度的层次和路径关系进行验证。

（二）Boo 的模型

Boo 等人主要对模型的内在关系进行了研究，并且指出品牌形象是一个多维度的概念。目的地品牌知名度、目的地品牌形象、目的地品牌质量会对目的地品牌价值产生影响，其中目的地品牌形象还会影响目的地品牌忠诚度，

① KONECNIK M, GARTNER W C. Customer-based brand equity for a destination [J]. Annals of tourism research, 2007, 34（2）: 400-421.

② PIKE S. Consumer-based brand equity for destinations: practical DMO performance measures [J]. Journal of travel & tourism marketing, 2007, 22（1）: 51-61.

③ BOO S, BUSSER J, BALOGLU S. A model of customer-based brand equity and its application to multiple destinations [J]. Tourism management, 2009, 30（2）: 219-231.

④ KONECNIK M, GARTNER W C. Customer-based brand equity for a destination [J]. Annals of tourism research, 2007, 34（2）: 400-421.

⑤ PIKE S. Consumer-based brand equity for destinations: practical DMO performance measures [J]. Journal of travel & tourism marketing, 2007, 22（1）: 51-61.

⑥ BOO S, BUSSER J, BALOGLU S. A model of customer-based brand equity and its application to multiple destinations [J]. Tourism management, 2009, 30（2）: 219-231.

⑦ KONECNIK M, GARTNER W C. Customer-based brand equity for a destination [J]. Annals of tourism research, 2007, 34（2）: 400-421.

目的地品牌价值对目的地品牌忠诚度是呈正相关的。

（三）Pike 的模型

Pike 等人 [1] 基于 Aaker 等人的品牌资产模型，对澳大利亚游客进行调查，提出了四个维度层次模型，显示了维度的层次关系，但是并没有调查维度间的关系。Pike 等人在 2010 年针对品牌资产各维度之间的关系进行研究，提出了品牌显著度对品牌形象、品牌质量和品牌忠诚有影响，品牌形象影响品牌质量和品牌忠诚，品牌质量影响品牌忠诚。

（四）Lu 的模型

Lu 等人 [2] 在研究民族餐馆的真实性时建立了将顾客的真实性感知作为自变量，品牌资产作为中介变量，将品牌选择意向作为最终因变量的模型。

（五）Im 等人的模型

Im 等人（2012）扩展了 Yoo 等人 [3] 的基于顾客的多维度品牌资产模型（multidimensional consumer-based brand equity scale），将其应用于目的地中，构建了模型，品牌意识、品牌形象和品牌联想会影响品牌忠诚，品牌意识、品牌忠诚和品牌联想也会影响整体品牌资产，其中品牌联想可以从感知质量和态度两个方面来衡量 [4]。

（六）Tran 等人的模型

Tran 等人 [5] 通过对国内游客的调查，探索目的地品牌资产各维度之间的关系以及对整体目的地品牌资产的影响，探讨了品牌资产各维度的内在关系，其模型图如下（见图 2.3）。

① PIKE S. Consumer-based brand equity for destinations: practical DMO performance measures [J]. Journal of travel & tourism marketing, 2007, 22（1）: 51–61.

② LU A C C, GURSOY D, LU C Y. Authenticity perceptions, brand equity and brand choice intention: the case of ethnic restaurants [J]. International journal of hospitality management, 2015, 50: 36–45.

③ YOO B, DONTHU N, LEE S. An examination of selected marketing mix elements and brand equity [J]. Journal of the academy of marketing science, 2000, 28（2）: 195–211.

④ LOW G S, LAMB C W. The measurement and dimensionality of brand associations [J]. Journal of product & brand management, 2000, 9（6）: 350–368.

⑤ TRAN V T, NGUYEN N P, TRAN P T K, et al. Brand equity in a tourism destination: a case study of domestic tourists in Hoi An city, Vietnam [J]. Tourism review, 2019, 74（3）: 704–720.

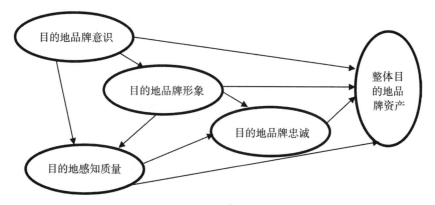

图2.3 Tran et al. [1]（2019）模型

同时，目的地品牌资产的构成维度及内部结构关系在不同的实践中有不同的表现。Yoo 和 Donthu [2] 将目的地品牌资产作为一个整体概念，Tasci[3] 对目的地品牌资产的各个维度之间的关系进行了分析，而不是将其看作一个整体。也有一些学者对 CBBE 的维度进行了微调，如 Xu 和 Chan [4] 在酒店环境下，用经验质量代替了感知质量。还有一些学者在原有的品牌资产维度中增加了可持续性、[5] 依恋管理信任度、[6] 品牌可靠性、[7] 质量体验、[8]

① TRAN V T, NGUYEN N P, TRAN P T K, et al. Brand equity in a tourism destination: a case study of domestic tourists in Hoi An city, Vietnam [J]. Tourism review, 2019, 74（3）: 704-720.

② YOO B, DONTHU N. Developing and validating a multidimensional consumer-based brand equity scale [J]. Journal of business research, 2001, 52（1）: 1-14.

③ TASCI A D. A critical review of consumer value and its complex relationships in the consumer-based brand equity network [J]. Journal of destination marketing & management, 2016, 5（3）: 171-191.

④ XU J B, CHAN A. A conceptual framework of hotel experience and customer-based brand equity: some research questions and implications [J]. International journal of contemporary hospitality management, 2010, 22（2）: 174-193.

⑤ BAALBAKI S S. Consumer perception of brand equity measurement: a new scale [D]. Texas: University of north texas, 2012.

⑥ LASSAR W, MITTAL B, SHARMA A. Measuring customer-based brand equity [J]. Journal of consumer marketing, 1995, 12（4）: 11-19.

⑦ HSU C H C, OH H, ASSAF A G. A customer-based brand equity model for upscale hotels [J]. Journal of travel research, 2012, 51（1）: 81-93.

⑧ XU J B, CHAN A. A conceptual framework of hotel experience and customer-based brand equity: some research questions and implications [J]. International journal of contemporary hospitality management, 2010, 22（2）: 174-193.

独特性、[①]个人行为（Sürücü et al., 2019）、品牌含义[②]和品牌参与[③]。如Hsu等人[④]认为顾客对豪华酒店的品牌资产感知包括质量、意识、形象、忠诚、管理信任度和品牌可靠性。表2.13列出了基于顾客的品牌资产的维度构成。

表2.13　基于顾客的品牌资产的维度构成

研究者	使用维度
Aaker，1991[①]	品牌联想、品牌知名度、感知质量、品牌忠诚度、其他专有品牌资产
Keller，1993[②]	品牌知名度和品牌形象
Yoo，Donthu and Lee，2000[③]	品牌忠诚、感知质量、品牌知名度、品牌联想
Kim and Kim，2004[④]	认知、形象、感知质量、忠诚度
Wang et al.，2006[⑤]	品牌忠诚、品牌知名度、感知质量、品牌联想、品牌满意度

① LIN L，MAO P C. Food for memories and culture-A content analysis study of food specialties and souvenirs［J］. Journal of hospitality and tourism management，2015，22：19–29；NETEMEYER R G，KRISHNAN B，PULLIG C，et al. Developing and validating measures of facets of customer-based brand equity［J］. Journal of business research，2004，57（2）：209–224.

② SARKER M M，MOHD-ANY A A，KAMARULZAMAN Y. Conceptualising consumer-based service brand equity（CBSBE）and direct service experience in the airline sector［J］. Journal of hospitality and tourism management，2019，38：39–48.

③ HUERTA-ÁLVAREZ R，CAMBRA-FIERRO J J，FUENTES-BLASCO M. The interplay between social media communication，brand equity and brand engagement in tourist destinations：an analysis in an emerging economy［J］. Journal of destination marketing and management，2020，16：100413.

④ HSU C H C，OH H，ASSAF A G. A customer-based brand equity model for upscale hotels［J］. Journal of travel research，2012，51（1）：81–93.

⑤ AAKERD A. Managing brand equity［M］. New York：Free Press，1991.

⑥ KELLER K L. Conceptualizing，measuring，and managing customer-based brand equity［J］. Journal of marketing，1993，57（1）：1–22.

⑦ YOO B，DONTHU N，LEE S. An examination of selected marketing mix elements and brand equity［J］. Journal of the academy of marketing science，2000，28（2）：195–211.

⑧ KIM W G，KIM H B. Measuring customer-based restaurant brand equity［J］. Cornell hotel and restaurant administration quarterly，2004，45（2）：115–131.

⑨ WANG X，YANG Z. The effect of brand credibility on consumers' brand purchase intention in emerging economies：the moderating role of brand awareness and brand image［J］. Journal of global marketing，2010，23（3）：177–188.

续表

研究者	使用维度
Pike et al., 2007①	品牌显著度、品牌联想、品牌共鸣、品牌忠诚
Boo et al., 2009②	品牌知名度、品牌体验、品牌价值、品牌忠诚
Hsu et al., 2012③	质量、意识、形象、忠诚和管理信任度、品牌可靠性
Konecnik and Gartner, 2007④	品牌知名度、品牌形象、品牌质量、品牌忠诚
Gomez et al., 2015⑤	品牌知名度，品牌忠诚，感知价值
Liu and Chou，2016⑥	品牌忠诚、感知质量、品牌联想和品牌知名度
Pike et al., 2010⑦	品牌显著度、品牌形象、品牌质量、品牌忠诚
于春玲、赵平，2006⑧	品牌知名度、品牌联想、品牌喜爱、品牌关系
王海忠，2006	公司能力联想、品牌知名度、品牌认知、品牌共鸣

资料来源：本研究整理。

综上所述，虽然在旅游和酒店领域均应用基于顾客的品牌资产模型进行

① PIKE S. Consumer-based brand equity for destinations: practical DMO performance measures [J]. Journal of travel & tourism marketing, 2007, 22 (1): 51–61.

② BOO S, BUSSER J, BALOGLU S. A model of customer-based brand equity and its application to multiple destinations [J]. Tourism management, 2009, 30 (2): 219–231.

③ HSU C H C, OH H, ASSAF A G. A customer-based brand equity model for upscale hotels [J]. Journal of travel research, 2012, 51 (1): 81–93.

④ KONECNIK M, GARTNER W C. Customer-based brand equity for a destination [J]. Annals of tourism research, 2007, 34 (2): 400–421.

⑤ GOMEZ M, LOPEZ C, MOLINA A. A model of tourism destination brand equity: the case of wine tourism destinations in Spain [J]. Tourism management, 2015, 51: 210222.

⑥ HORNG J S, LIU C H, CHOU H Y, et al. Understanding the impact of culinary brand equity and destination familiarity on travel intentions [J]. Tourism management, 2012, 33 (4): 815–824.

⑦ PIKE S, BIANCHI C, KERR G, et al. Consumer-based brand equity for Australia as a long-haul tourism destination in an emerging market [J]. International marketing review, 2010, 27 (4): 434–449.

⑧ 于春玲，赵平. 品牌资产及其测量中的概念解析 [J]. 南开管理评论, 2003, 1: 10–13.

了研究, Pike 等人 ① 指出将 CBBE 模型用于区域品牌和目的地品牌的研究数量是有限的。同时, Pike 和 Page ② 认为:虽然自 2006 年以来, 关于应用 CBBE 来研究目的地品牌资产的文章越来越多, 但是 CBBE 的贡献还不够, 尤其对目的地品牌资产维度的研究还处于起步阶段。③

而游客对目的地品牌资产的感知可以为目的地管理决策者提供有效参考④。顾客的品牌资产模型对目的地而言是很重要的, 因为它是目的地营销的一个重要方面, 同时, 一个目的地是否成功应该由顾客来评价, 一个目的地只有在顾客认为很重要的时候, 才能长久发展。⑤确保品牌资产各维度之间的良好关系, 可以促进品牌资产的发展 (Nikabadi et al., 2015)。

尽管基于顾客的品牌资产有不同的维度, 其中, 品牌知名度、品牌形象、感知质量和品牌忠诚等是常用的维度。在本研究中, 运用基于顾客的品牌资产概念, 结合 Aaker ⑥, Konecnik 和 Gartner ⑦, Im 等人 (2012) 和 Tran 等人 ⑧ 的模型, 将基于顾客的品牌资产定义为两部分:顾客感知 (品牌知名度、品牌形象、感知质量) 和顾客行为 (品牌忠诚),⑨ 探讨顾客感知与顾客行为的因果

---

① PIKE S, BIANCHI C, KERR G, et al. Consumer-based brand equity for Australia as a long-haul tourism destination in an emerging market [J]. International marketing review, 2010, 27 (4): 434–449.

② PIKE S, BIANCHI C. Destination brand equity for Australia: testing a model of CBBE in short-haul and long-haul markets [J]. Journal of hospitality & tourism research, 2016, 40 (1): 114–134.

③ LIM Y, WEAVER P A. Customer-based brand equity for a destination: the effect of destination image on preference for products associated with a destination brand [J]. International journal of tourism research, 2014, 16 (3): 223–231.

④ BLAIN C, LEVY S E, RITCHIE R B. Destination branding: insights and practices from destination management organizations [J]. Journal of travel research, 2005, 43: 328–338.

⑤ LIM Y, WEAVER P A. Customer-based brand equity for a destination: the effect of destination image on preference for products associated with a destination brand [J]. International journal of tourism research, 2014, 16 (3): 223–231.

⑥ AAKERD A. Managing brand equity [M]. New York: Free Press, 1991.

⑦ KONECNIK M, GARTNER W C. Customer-based brand equity for a destination [J]. Annals of tourism research, 2007, 34 (2): 400–421.

⑧ TRAN V T, NGUYEN N P, TRAN P T K, et al. Brand equity in a tourism destination: a case study of domestic tourists in Hoi An city, Vietnam [J]. Tourism review, 2019, 74 (3): 704–720.

⑨ AAKER D A. Managing brand equity [M]. New York: Free Press, 1991; AAKER D A. Building strong brands [M]. New York: Free Press, 1996.

关系，同时加入了整体品牌资产的维度。

第三节　研究假设及模型

一、研究假设

在关于食物恐新的文献研究中，对陌生食物的恐惧会调节游客对食物相关的行为。美食旅游的文献表明，游客的个性特征在他们与食物相关的决定、感知和对美食目的地的态度中起着关键作用。[①] 实证研究发现，有严重食物恐新症的游客往往对当地食物消费有消极的信念和态度。[②] 食物恐新对消费当地食物的动机产生负面影响。食物恐新游客通常更喜欢他们习惯的食物，并拒绝尝试当地品种的食物。[③] 与食物有关的个性特征如食物恐新会对游客的动机以及与目的地有关的食物活动产生影响。[④] 一项对中国游客在澳大利亚的饮食行为的研究认为，食物恐新症可能会对游客参加目的地食物活动和节日的动

① GETZ D, RICHARD R, ANDERSSON T D, et al. Foodies and food tourism [M]. Oxford: Goodfellow, 2014; PEŠTEK A, ČINJAREVIĆ M. Tourist perceived image of local cuisine: the case of Bosnian food culture [J]. British food journal, 2014, 116 (11): 1821–1838; SEO S, YUN N. Multi-dimensional scale to measure destination food image: case of Korean food [J]. British food journal, 2015, 117 (12): 2914–2929.

② CHANG R C, KIVELA J, MAK A H. Food preferences of Chinese tourists [J]. Annals of tourism research, 2010, 37 (4): 989–1011; WU K, RAAB C, CHANG W, et al. Understanding Chinese tourists' food consumption in the United States [J]. Journal of business research, 2016, 69 (10): 4706–4713.

③ TORRES R. Toward a better understanding of tourism and agriculture linkages in the Yucatan: tourist food consumption and preferences [J]. Tourism geographies, 2002, 4 (3): 282–306.

④ MAK A H, LUMBERS M, EVES A, et al. The effects of food-related personality traits on tourist food consumption motivations [J]. Asia Pacific journal of tourism research, 2017, 22 (1): 1–20; WU K, RAAB C, CHANG W, et al. Understanding Chinese tourists' food consumption in the United States [J]. Journal of business research, 2016, 69 (10): 4706–4713.

机产生消极影响。^①食物恐新对游客品尝新食物的动机产生消极影响。^②基于此，本研究提出如下假设：

H1在美食旅游中，新引起的食物恐惧会对游客品尝让人恐惧的食物动机产生消极影响。

目的地食物形象可以显著激励游客，积极的目的地食物形象将导致游客更高的消费意图，游客将更有可能消费具有强烈积极形象的目的地美食。^③Ab Karim 等人^④指出外观、味道等是影响游客对目的地食物评价的重要因素。人们接受还是拒绝食物是由感官特性和安全问题（与身体或心理伤害有关）共同驱动的。^⑤如果看不见不熟悉的食物原料或者是将不熟悉的食物原料混入熟悉的食物原料中，消费者可能会更容易品尝该食物。^⑥将肉类与其动物来源分离有助于消费者处理喜欢肉类但不喜欢给动物带来疼痛而导致的认知失调，

① KIM Y G, SUH B W, EVES A. The relationships between food-related personality traits, satisfaction, and loyalty among visitors attending food events and festivals [J]. International journal of hospitality management, 2010, 29（2）: 216–226.

② CHANG R C, KIVELA J, MAK A H. Food preferences of Chinese tourists [J]. Annals of tourism research, 2010, 37（4）: 989–1011.

③ SEO S, YUN N, KIM O Y. Destination food image and intention to eat destination foods: a view from Korea[J]. Current issues in tourism, 2017, 20（2）: 135–156; KARIM S, CHI C G Q. Culinary tourism as a destination attraction: an empirical examination of destinations' food image [J]. Journal of hospitality marketing & management, 2010, 19（6）: 531–555; KIVELA J J, CROTTS J C. Understanding travelers' experiences of gastronomy through etymology and narration[J]. Journal of hospitality & tourism research, 2009, 33（2）: 161–192.

④ AB KARIM S, CHUA B L, SALLEH H. Malaysia as a culinary tourism destination: international tourists' perspective[J]. Journal of tourism, hospitality and culinary arts, 2009, 1（3）: 63–78.

⑤ ROZIN P, FALLON A E. A perspective on disgust [J]. Psychological review, 1987, 94（1）: 23; TAN H S G, FISCHER A R, VAN TRIJP H C, et al. Tasty but nasty? Exploring the role of sensory-liking and food appropriateness in the willingness to eat unusual novel foods like insects[J]. Food quality and preference, 2016, 48: 293–302.

⑥ TAN H S G, FISCHER A R, TINCHAN P, et al. Insects as food: exploring cultural exposure and individual experience as determinants of acceptance [J]. Food quality and preference, 2015, 42: 78–89.

从而提高其进食的意愿。[①] 基于此，本研究提出如下假设：

H2 在美食旅游中，感官不适引起的食物恐惧会对游客品尝让人恐惧的食物动机产生消极影响。

H3 在美食旅游中，加工方式不适引起的食物恐惧会对游客品尝让人恐惧的食物动机产生消极影响。

游客对当地食物的安全顾虑、健康关注、沟通障碍、饮食习惯、烹饪方法的差异以及对当地饮食的不熟悉等都会成为品尝当地食物的障碍。[②] 而在新加坡，游客对街头食物卫生状况的消极印象对新加坡政府推广该国的街头食品文化构成了威胁，[③] 影响了游客出游动机。50% 的欧洲游客认为泰国街头的食物是不卫生的，降低了他们品尝当地食物欲望。[④] Amuquandoh[⑤] 在对戛纳的游客进行研究时，也指出游客出于卫生安全的考虑，不会品尝当地的食物。基于此，本研究提出如下假设：

H4 在美食旅游中，感知潜在风险引起的食物恐惧会对游客品尝让人恐惧的食物动机产生消极影响。

食物禁忌具有场域性，在场域下生活的人们必须恪守，从而产生一种习惯，也就是一种文化。食物禁忌还表现在，禁忌一旦打破会受到惩罚，从而坚定了人们恪守禁忌的决心（任聘，2004）。某些文化上不适当的食物如昆虫、动物的内脏可能会引起不好的期望和感知，进而对该食物产生厌恶和反

① ROZIN P, VOLLMECKE T A. Food likes and dislikes [J]. Annual review of nutrition, 1986, 6 (1)：433-456；KUNST J R, HAUGESTAD C A P. The effects of dissociation on willingness to eat meat are moderated by exposure to unprocessed meat：a cross-cultural demonstration [J]. Appetite, 2018, 120：356-366.

② COHEN E, AVIELI N. Food in tourism：attraction and impediment [J]. Annals of tourism research, 2004, 31：755-778.

③ HENDERSON J C. Food and culture：in search of a Singapore cuisine [J]. British food journal, 2014, 116 (6)：904-917.

④ WONGLEEDEE K. Food safety management：concerns from EU tourists in Thailand [J]. International scholarly and scientific research & innovation, 2013, 7 (1)：94-97.

⑤ AMUQUANDOH F. International tourists' concerns about traditional foods in Ghana [J]. Journal of hospitality and tourism management, 2011, 18 (1)：1-9.

感，[①]而且这种对食物是否适合食用的看法是很难改变的，如果人们在文化上认为食用这种食物是不适当的，将不会品尝该食物。[②]基于此，本研究提出如下假设：

H5在美食旅游中，食物禁忌引起的食物恐惧会对游客品尝让人恐惧的食物动机产生消极影响。

已有研究表明，求新动机与目的地品牌资产之间有密切的联系。[③]动机对目的地形象有明显的影响，[④]Yoon 和 Uysal[⑤]认为旅游动机对目的地的整体评价产生直接影响。Prebensen 等人[⑥]更强调推动动机对目的地的感知质量有直接、积极和显著的影响。Mahatoo[⑦]认为消费者对某一品牌的看法与其动机之间的联系越大，他们就可能越喜欢该品牌。同样，Ponnam[⑧]也认为消费者更喜欢那些与其动机更密切相关的品牌，这表明消费者的动机是目的地品牌资

① ROZIN P, FALLON A E. A perspective on disgust[J]. Psychological review, 1987, 94（1）: 23; HOPKINS J. Strange foods[M]. Clarendon: Tuttle Publishing, 2014.

② TAN H S G, FISCHER A R, VAN TRIJP H C, et al. Tasty but nasty? Exploring the role of sensory-liking and food appropriateness in the willingness to eat unusual novel foods like insects[J]. Food quality and preference, 2016, 48: 293–302.

③ TAN S K, KUNG S F, LUH D B. A model of "creative experience" in creative tourism[J]. Annals of tourism research, 2013, 41: 153–174; ZHAO J B, GAO Z B, LI Y X, et al. The food neophobia scale（FNS）: exploration and confirmation of factor structure in a healthy Chinese sample[J]. Food quality and preference, 2020, 79: 103–791.

④ ESPER F S, RATEIKE J A. Tourism destination image and motivations: the Spanish perspective of Mexico [J]. Journal of travel and tourism marketing, 2010, 27（4）: 349–360; KHAN M J, CHELLIAH S, AHMED S. Factors influencing destination image and visit intention among young women travellers: role of travel motivation, perceived risks, and travel constraints[J]. Asia Pacific journal of tourism research, 2017, 22（11）: 1139–1155.

⑤ YOON Y, UYSAL M. An examination of the effects of motivation and satisfaction on destination loyalty: a structural model[J]. Tourism management, 2005, 26（1）: 45–56.

⑥ PREBENSEN N K, WOO E, CHEN J S, et al. Motivation and involvement as antecedents of the perceived value of the destination experience[J]. Journal of travel research, 2013, 52（2）: 253–264.

⑦ MAHATOO W H. Motives must be differentiated from needs, drives, wants: strategy implications[J]. European journal of marketing, 1989, 23（3）: 29–36.

⑧ Ponnam A. A case for customer based brand equity conceptualization within motivational perspective[J]. Academy of marketing studies journal, 2011, 15（1）: 61–70.

产的前置变数。Frias 等人 [1] 的研究表明了动机对目的地品牌资产评价有重要作用，动机是吸引游客到目的地的重要因素。基于此，本文提出以下假设：

H6 在美食旅游中，游客品尝让人恐惧的食物动机对目的地品牌知名度有积极影响。

H7 在美食旅游中，游客品尝让人恐惧的食物动机对目的地品牌形象有积极影响。

H8 在美食旅游中，游客品尝让人恐惧的食物动机对目的地品牌感知质量有积极影响。

Keller [2] 指出品牌知名度是建立产品或服务的品牌资产的主要构成要素。Aaker [3] 认为消费者必须首先了解这个品牌，才能有一系列品牌联想。品牌知名度影响品牌联想和感知质量的形成。[4] 换句话说，消费者的品牌意识会导致品牌联想和感知质量等态度，进而影响态度上的品牌忠诚度。[5] 对于旅游目的地，Boo 等人 [6] 指出意识水平是旅游者对目的地品牌体验的最重要指标。目的地的品牌知名度直接影响了目的地品牌忠诚。[7] 品牌知名度对整体品牌资产有

① FRIAS D M，CASTAÑEDA J A，DEL BARRIO-GARCÍA S，et al. The effect of self-congruity and motivation on consumer-based destination brand equity[J]. Journal of vacation marketing，2019，26（3）：287-304.

② KELLER K L. Building customer-based brand equity：a blueprint for creating strong brands[J]. Marketing management，2001，10（2）：15-19.

③ AAKERD A. Managing brand equity[M]. New York：Free Press，1991.

④ AAKER D A. Building strong brands[M]. New York：Free Press，1996；KELLER K L. Conceptualizing，measuring，and managing customer-based brand equity[J]. Journal of marketing，1993，57（1）：1-22.

⑤ KONECNIK M，GARTNER W C. Customer-based brand equity for a destination[J]. Annals of tourism research，2007，34（2）：400-421.

⑥ BOO S，BUSSER J，BALOGLU S. A model of customer-based brand equity and its application to multiple destinations[J]. Tourism management，2009，30（2）：219-231.

⑦ SAN MARTÍN H，HERRERO A，GARCÍA DE LOS SALMONES M D M. An integrative model of destination brand equity and tourist satisfaction[J]. Current issues in tourism，2019，22（16）：1992-2013.

积极影响，[①] 品牌认知度越高，整体品牌份额增加的幅度就越大[②]（Yoo et al.，2000）。Kim 等人（2008）指出目的地品牌资产，如品牌知名度与满意度相关，Lemmetyinen 等人（2016）指出邮轮目的地的品牌知名度会显著影响人们对该邮轮目的地的满意度。基于此，本文提出如下假设：

H9 在美食旅游中，目的地品牌知名度对目的地品牌忠诚有积极影响。

H10 在美食旅游中，目的地品牌知名度对整体目的地品牌资产有积极影响。

H11 在美食旅游中，目的地品牌知名度对目的地满意度有积极影响。

在旅游环境下，目的地品牌形象也被认为是目的地忠诚度的主要组成部分（Hosany et al.，2006）。Cai[③] 认为积极的品牌形象能够提高消费者对目的地品牌的忠诚度。Wu[④] 研究发现积极的目的地品牌形象是外国游客对目的地忠诚的先决条件。游客更容易信任具有较好旅游目的地品牌形象的目的地，并对其更忠诚。[⑤] 按照 Chang 和 Shin[⑥] 的观点，品牌形象的影响不仅在目的地选择阶段，对游客旅游后也有影响。目的地品牌形象与目标品牌忠诚度之间存

① TRAN V T, NGUYEN N P, TRAN P T K, et al. Brand equity in a tourism destination: a case study of domestic tourists in Hoi An city, Vietnam[J]. Tourism review, 2019, 74（3）: 704–720.

② YOO B, DONTHU N, LEE S. An examination of selected marketing mix elements and brand equity[J]. Journal of the academy of marketing science, 2000, 28（2）: 195–211.

③ CAI L A. Cooperative branding for rural destinations[J]. Annals of tourism research, 2002, 29（3）: 720–742.

④ WU C W. Destination loyalty modeling of the global tourism[J]. Journal of business research, 2016, 69（6）: 2213–2219.

⑤ LU A C C, GURSOY D, LU C Y. Authenticity perceptions, brand equity and brand choice intention: the case of ethnic restaurants[J]. International journal of hospitality management, 2015, 50: 36–45; BOO S, BUSSER J, BALOGLU S. A model of customer-based brand equity and its application to multiple destinations[J]. Tourism management, 2009, 30（2）: 219–231.

⑥ CHANG K H, SHIN J L. The relationship between destination cues of Asian countries and Korean tourist images[J]. Asia Pacific journal of marketing and logistics, 2004, 16（2）: 82–100.

在着积极的关系。[1] 目的地形象是重游的前提条件，积极的目的地形象对重游有积极的影响。[2] Castro 等人（2007）提出目的地形象、服务质量会积极影响满意度。基于此，本文提出如下假设：

H12 在美食旅游中，目的地品牌形象对目的地品牌忠诚有积极的影响。

H13 在美食旅游中，目的地品牌形象对整体目的地品牌资产有积极影响。

H14 在美食旅游中，目的地品牌形象对目的地满意度有积极影响。

感知质量是品牌资产另一个重要的维度。[3] 在营销领域，Keller 和 Lehmann（2003）指出感知质量是导致品牌忠诚的重要一步，会对消费者的品牌选择产生重要影响。顾客会更信任质量好的品牌，并对其产生忠诚。[4] 在旅游和酒店文献中，Konecnik 和 Gartner [5] 指出旅游目的地的品牌质量是其品牌资产的一个有效和强大的维度。品牌质量对顾客到某一目的地的重复消费行为影响显著，甚至会产生品牌依恋。[6] 有学者指出目的地感知质量对目的地品

① BOO S, BUSSER J, BALOGLU S. A model of customer-based brand equity and its application to multiple destinations [J]. Tourism management, 2009, 30（2）: 219-231; PIKE S, BIANCHI C, KERR G, et al. Consumer-based brand equity for Australia as a long-haul tourism destination in an emerging market [J]. International marketing review, 2010, 27（4）: 434-449; KASHIF M, SAMSI S Z M, SARIFUDDIN S. Brand equity of Lahore Fort as a tourism destination brand [J]. Revista de administração de empresas, 2015, 55: 432-443; TRAN V T, NGUYEN N P, TRAN P T K, et al. Brand equity in a tourism destination: a case study of domestic tourists in Hoi An city, Vietnam [J]. Tourism review, 2019, 74（3）: 704-720.

② CHEN C F, TSAI D C. How destination image and evaluative factors affect behavioral intentions? [J]. Tourism management, 2007, 28（4）: 1115-1122; ASSAKER G, VINZI V E, O'CONNOR P. Examining the effect of novelty seeking, satisfaction, and destination image on tourists' return pattern: a two factor, non-linear latent growth model [J]. Tourism management, 2011, 32（4）: 890-901.

③ AAKER D A. Building strong brands [M]. New York: Free Press, 1996; KELLER K L. Building customer-based brand equity: a blueprint for creating strong brands [J]. Marketing management, 2001, 10（2）: 15-19.

④ HALL C M. Food tourism around the world: development, management and markets [M]. Oxford: Butterworth-Heinemann, 2003: 308.

⑤ KONECNIK M, GARTNER W C. Customer-based brand equity for a destination [J]. Annals of tourism research, 2007, 34（2）: 400-421.

⑥ SAN MARTÍN H, HERRERO A, GARCÍA DE LOS SALMONES M D M. An integrative model of destination brand equity and tourist satisfaction [J]. Current issues in tourism, 2019, 22（16）: 1992-2013.

牌忠诚度有积极影响。[①]以往的文献显示，感知质量和品牌资产之间存在着积极关系[②]（Tran，2017）。以前对消费者行为的研究通常表明，感知质量是满意的前提。[③] Lee 等人（2007）通过对参观历史遗址旅游者的调查，揭示了目的地感知质量和满意度之间有积极关系。感知质量会影响忠诚度，游客对目的地的感知质量会影响其对目的地的态度和行为意图。[④]基于此，本文提出如下假设：

H15 在美食旅游中，目的地品牌感知质量对目的地品牌忠诚有积极影响。

H16 在美食旅游中，目的地品牌感知质量对整体目的地品牌资产有积极影响。

H17 在美食旅游中，目的地品牌感知质量对目的地满意度有积极影响。

品牌资产的价值主要由品牌忠诚产生。[⑤]忠诚的消费者会对品牌表现出更有益的回应；因此，品牌忠诚度将刺激品牌资产的增长。[⑥]在目的地品牌资产

① BOO S, BUSSER J, BALOGLU S. A model of customer-based brand equity and its application to multiple destinations[J]. Tourism management, 2009, 30（2）：219–231；PIKE S, BIANCHI C, KERR G, et al. Consumer-based brand equity for Australia as a long-haul tourism destination in an emerging market[J]. International marketing review, 2010, 27（4）：434–449；TRAN V T, NGUYEN N P, TRAN P T K, et al. Brand equity in a tourism destination：a case study of domestic tourists in Hoi An city, Vietnam[J]. Tourism review, 2019, 74（3）：704–720.

② BUIL I, MARTÍNEZ E, Chernatony L.The influence of brand equity on consumer responses[J]. Journal of consumer marketing, 2013, 30（1）：62–74；YOO B, DONTHU N, LEE S. An examination of selected marketing mix elements and brand equity [J]. Journal of the academy of marketing science, 2000, 28（2）：195–211.

③ SRIVASTAVA K, SHARMA N K. Service quality, corporate brand image, and switching behavior：The mediating role of customer satisfaction and repurchase intention[J]. Services marketing quarterly, 2013, 34（4）：274–291；SAN MARTÍN H, HERRERO A, GARCÍA DE LOS SALMONES M D M. An integrative model of destination brand equity and tourist satisfaction[J]. Current issues in tourism, 2019, 22（16）：1992–2013.

④ PIKE S, BIANCHI C. Destination brand equity for Australia：testing a model of CBBE in short-haul and long-haul markets[J]. Journal of hospitality & tourism research, 2016, 40（1）：114–134.

⑤ YASIN N M, NOOR M N, MOHAMAD O. Does image of country-of-origin matter to brand equity?[J]. Journal of product & brand management, 2007, 16（1）：38–48.

⑥ BUIL I, MARTÍNEZ E, CHERNATONY L. The influence of brand equity on consumer responses[J]. Journal of consumer marketing, 2013, 30（1）：62–74.

研究中，学者表明目的地品牌忠诚度对整体目标品牌资产具有积极影响。[①]基于此，本文提出如下假设：

H18 在美食旅游中，目的地品牌忠诚对整体目的地品牌资产有积极影响。

二、研究模型

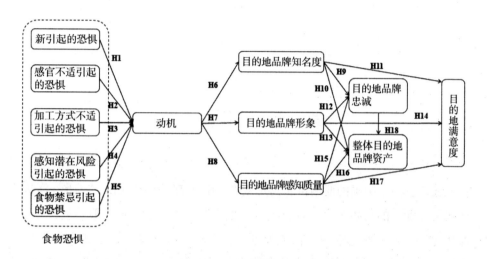

图2.4 研究模型

（动机为美食游客品尝恐惧食物的动机。资料来源：本研究整理）

① KASHIF M，SAMSI S Z M，SARIFUDDIN S. Brand equity of Lahore Fort as a tourism destination brand
[J]. Revista de administração de empresas，2015，55：432–443.

第三章

研究设计

第一节　案例的选择

云南省位于中国的西南部，地形复杂，到处都是森林大山，"地形＋海拔＋日照＋湿度"的巧妙组合，森林里的"虫子"们得到了温室一般的生长环境。森林犹如一个天然的空调，在冬天也不会太冷，这使得大部分虫子在冬天也能存活。虫子成为古代云南人从食物中获取蛋白质的重要方式之一，吃虫是当地的一种传统，在云南坊间流传着一句老话：春吃百花，夏吃百虫，秋吃百果，冬吃百家。云南十八怪中，将蚂蚱当下酒小菜。吃虫是云南居民的一种日常生活，尤其是在少数民族地区，傣族、彝族和傈僳族等少数民族居住地山多树多草肥，从而有很多种昆虫，比较有名的菜肴有油炸甜蜂蛹、炸蝎子、滚油幼蝉、炒蚂蚱、咸炒黄亮、油炸豆虫、炸蛤虫、炸松蛹、油炸花蜘蛛、油炸棉花虫等。

云南的"虫子宴"，即吃竹虫、蜂蛹、蚕蛹、蚂蚱、黑蚂蚁、地鳖虫（土元）、五谷虫（肉蛆）之类。云南很多少数民族都有昆虫节，如哈尼族的吃虫节——捉蚂蚱节，布朗族的吃虫节——吃蝉，傣族的吃虫节。2017年6月27日，云南丽江举办了"吃虫大赛"。2019年1月24日，丽江千古情景区举行百虫宴，来自全国的游客围坐在一张50平方米的巨型餐桌前品尝重达1吨的昆虫，体验云南特有的美食风俗。由此可见，吃虫是云南人们的日常生活，每当有尊贵的客人到来，都会准备虫给客人。表3.1列出了云南省吃虫的主要地区和种类。

表3.1　云南省吃虫分布表

菜名	流行地区	原料
油炸蜂蛹	云南全省	马蜂、黄土蜂、葫芦蜂
油炸竹虫	西双版纳、德宏、红河、普洱等	竹虫（竹蜂）
凉拌蚂蚁蛋	西双版纳、德宏、普洱、保山、临沧等	大黄蚂蚁
油炸水蜻蜓	丽江、迪庆、普洱等	水蜻蜓（蜻蜓幼虫）
油炸知了	西双版纳、德宏、普洱、临沧等	知了（蝉）
油炸花蜘蛛	西双版纳	花蜘蛛
油炸臭屁虫	红河、昭通、玉溪	臭屁虫（蝽象）
油炸蚂蚱	云南省	蚂蚱
油炸椰子虫	德宏	椰子虫（椰心叶甲）
火烤飞蚂蚁	西双版纳、德宏、普洱、临沧	飞蚂蚁（土狗子）

资料来源：本研究整理。

图3.1　云南的昆虫菜肴

（数据来源：本研究整理）

云南西双版纳独特的自然资源孕育了种类繁多的昆虫，据初步统计，在我国云南省可食用的昆虫分为14个目，400多个科，2000多个种类，并且还在不断增加。当地的少数民族在生活中不断提高对昆虫特有的认识和加工工艺。西双版纳地区旅游业较为发达，许多游客慕名而来，通过体验当地富有特色的菜肴——百虫宴等来体验当地的文化。2012—2017年西双版纳的旅游人数增长率超过了250%，有学者提出要促进旅游业与昆虫特色产业相结合（赵玉阳，吉宗博，2019）。云南将昆虫作为一种旅游吸引物来招揽游客，并且试图在游客心目中形成"吃虫"形象。"杂食悖论"是人类作为杂食动物所特有的表现（Fischler，1988）：一方面，人们倾向于尝试各种食物；另一方面，人们又害怕陌生的食物。所以十分有必要了解游客吃昆虫的动机，以及由此产生的目的地品牌资产的影响。

第二节　问卷设计与开发

一、问卷内容

本研究的调查问卷一共分为五个部分。

第一部分为受访对象合格性调查，主要分为两个问题：是否去云南西双版纳傣族自治州旅游过？是否品尝过当地的昆虫宴？

第二部分调查游客的食物恐惧。

第三部分调查动机。

第四部分调查目的地品牌资产的相关变量和满意度。

第五部分为游客的人口学统计特征，主要包括性别、年龄、受教育程度和收入等。

二、变数设计

本研究中调查问卷的其他变量主要是通过文献回顾，采用较为成熟的量表或根据一定的理论进行设计，并根据研究需要和表达习惯进行一些修改。所有问项采用李克特五点量表（1= 非常不同意；5= 非常同意）。

（一）动机

本研究提出人们品尝让人恐惧的食物的动机如表3.2。

表3.2　品尝让人恐惧的食物的动机

构成	定义	参考文献	衡量题项
兴奋体验	通过参与一些未知风险或不寻常的休闲或旅行活动来创造令人兴奋的体验	Mayo and Jarvis，1981；Pizam，2004	1. 当品尝当地食物时，我期望它是令人兴奋的 2. 在当地体验当地食物让我感到兴奋 3. 品尝当地食物对我来说是令人兴奋的
学习知识	通过研学、艺术展演、文化旅游、节日、历史遗迹和纪念碑、民俗和朝拜获得知识	Crompton and McKay，1997；Kerstetter，2001；McIntosh，1995	1. 品尝当地食物让我有机会了解不同文化 2. 品尝当地食物帮助我了解其他人的生活方式 3. 品尝当地食物让我看到我平时看不到的东西 4. 品尝当地食物让我了解了当地食物的风味 5. 品尝当地食物让我发现一些新的东西
真实体验	真正的、正宗的、独特的旅游体验	Crompton and McKay，1997；Kerstetter，2001；McIntosh，1995；Wang，1999	1. 在原产地品尝当地食物是一种真实的体验 2. 品尝由当地人提供的当地食物让我有机会了解当地独特的文化 3. 品尝当地传统的食物是一种特殊的体验 4. 在原产地品尝当地食物对我来说很重要
求新	寻求新奇、冒险	Hjalager and Richards，2003；Long，2004；Mak，2017	1. 寻找多样化的食物 2. 尝试我从未尝试过的食物 3. 尝试多样化食物需要冒险 4. 品尝不同的、新的食物

资料来源：本研究整理。

（二）旅游目的地品牌资产

在本研究中，旅游目的地品牌资产的衡量维度如表3.3所示。

表3.3　旅游目的地品牌资产的测量题项

维度	问项	来源
旅游目的地品牌知名度	我知道这个地方是一个旅游目的地 我可以想象这个目的地在我心目中的样子 我很快能想起这个旅游目的地的特征 当我在考虑旅行时，这个目的地是第一个浮现在我脑海中的	Boo，2009； Yoo and Donthu，2001； Gomez，2015
旅游目的地品牌形象	这个目的地很有趣的地方可以参观 这个目的地有迷人的自然风光 这个目的地气候宜人	Chen，2001； Boo et al.，2009
旅游目的地感知质量	这个目的地提供了一致质量的产品 这个目的地让我感受到了高质量的体验 这个目的地提供的产品，我可以期望得到更高的体验 这个目的地比其他类似的目的地更好	Gartner and Ruzzier，2011； Pike，2010； Boo，2009； Chi，Huang and Nguyen，2020
目的地品牌忠诚	在不久的将来，我会再次到这个目的地旅游 我会推荐我身边的朋友去这个目的地旅游	Boo，2009； Pike，2010； Tran，2017
整体的目的地品牌资产	我很喜欢去这里旅游 我认为去这个地方旅游是一个明智的举动	Yoo，2000； Tran，2019

资料来源：本研究整理。

（三）目的地满意度

关于满意度的衡量，包括多维和单一问项即总体满意度。在旅游文献中，大量研究用单一问项来衡量满意度，[①]并且采纳李克特五点量表（1=非常不同意；5=非常同意）。满意度的衡量题项：我对整个旅行是满意的（Cronin and

---

① CHI C G，QU H. Examining the structural relationships of destination image, tourist satisfaction and destination loyalty: an integrated approach[J]. Tourism management，2008，29：624–636；CHEN C F，TSAI D C. How destination image and evaluative factors affect behavioral intentions?[J]. Tourism management，2007，28（4）：1115–1122.

Taylor, 1992; Howat, 1999; Parasuraman, 1994）。

第三节 问卷派发

受新冠疫情的影响，本次调查以电子问卷的形式派发和收集，采用滚雪球和方便抽样的抽样方式进行。通过设置筛选问题"你是否去过云南旅游？""你是否品尝过当地的昆虫宴？"来保证本次问卷的有效性。

滚雪球抽样（Snowball Sampling），从数量较少伴随时间增长样本量逐步增加，常用于收集有一定难度的、具有同一特征的样本（Veal, 2017）。本研究的抽样对象为曾经去过云南旅游，并且品尝过当地昆虫宴的游客。在新冠疫情期间，本研究主要采用滚雪球的抽样方式。方便抽样（Convenience Sampling）是为了配合研究主题而由调查者在特定的环境中随机选择受访者的非概率抽样方法。该抽样方法也是受疫情所困，作为滚雪球抽样法的补充抽样法，以保证数据样本量达到计划量。

Bentler 和 Chou[1] 提出问项数量与测试样本量的比例达到1∶5即可进行有效的因素分析。Tinsley 和 Tinsley[2] 指出，问项数与预试样本数的比例在1∶5至1∶10之间即可。Astrachan，Patel 和 Wanzenried[3] 认为 PLS-SEM（Partial Least Square Structural Equation Modeling）适合于低样本量和异常数据。在本研究中，结构方程模型中一共有78个题项，根据样本量5倍的原则，预计本研究需要样本量为390份左右。

问卷派发的时间为2021年11月25日—12月15日，受疫情影响，为了使

---

① BENTLER P M, CHOU C P. Practical issues in structural modeling［J］. Sociological methods & Research, 1987, 16（1）: 78–117.

② TINSLEY H E, TINSLEY D J. Uses of factor analysis in counseling psychology research［J］. Journal of counseling psychology, 1987, 34（4）: 414.

③ ASTRACHAN C B, PATEL V K, WANZENRIED G A. A comparative study of CB-SEM and PLS-SEM for theory development in family firm research［J］. Journal of family business strategy, 2014, 5（1）: 116–128.

数据样本量达到计划量，笔者联系了云南省两家地接旅行社和湛江市曾带队到云南旅游的5名导游，通过他们进行目标群体的筛选，锁定目标受访群体，继而对符合条件的游客进行电子问卷的派发，并由受访者介绍推荐下一个符合条件的受访者进行问卷作答，直到问卷回复量达到预计目标量。

本次共收集问卷490份，对收集的样本进行筛查：排除所有测项答案一致、规律作答、答题时间过短、答题时间过长以及用户名重复的无效问卷，得到有效问卷460份，有效率为93.9%。

第四节　数据分析方法

本研究使用统计分析软件 SPSS 25.0 和 SmartPLS 3.0。

一、描述性统计分析

利用 SPSS 25.0 对样本进行描述性统计分析，主要是频次分析和均值分析。在本研究中，利用频次分析考察样本的性别、年龄、收入等特征。通过均值分析，将各测试项的均值和方差进行比较。

二、信度分析

信度是为了测量量表的可靠性、稳定性与一致性，信度越大，表明其测量的误差越小，内部一致性越强。[1]在研究中，我们一般用Cronbach's Alpha信度系数，De和Dancer（1991）认为a在0.8~0.9之间最好，0.7~0.8之间非常好，0.6~0.65之间很不理想。

三、因子分析

因子分析是指研究从变量群中提取共性因子的统计技术。根据相关性将

---

① 吴明隆.问卷统计分析实务：SPSS 操作与应用［M］.重庆：重庆大学出版社，2011.

变量进行分组，使得组内变量相关性高，组间变量不相关或相关性较低。因子分析分为两种：探索性因子分析（EFA）和验证性因子分析（CFA）。

在进行因子分析的时候需要进行 KMO 测试和 Bartlett 球形检验。一般认为，当 KMO 值大于 0.6，Bartelett 球形检验的 P 值小于 0.05，表现出显著性时，可以进行因子分析。KMO 值大于 0.9 最佳，0.6 以上可以接受，0.5 以下不适合做因子分析。（Kaiser，1974）

四、结构方程模型

结构方程模型（SEM）是一种整合了因素分析和路径分析的多元统计技术。它可以同时考虑并处理多个因变量，还可以检验因果关系。结构方程模型也是一种验证性分析方法，通常先依据理论设计出概念模型，通过检验模型的拟合度来观察模型是否可用，同时还需要通过检验路径是否显著，来确定自变量对因变量的影响是否显著。在本研究中，采用 SmartPLS 进行分析，因为与基于协方差的 CB-SEM 模型相比，PLS-SEM 模型对数据的正态性和样本量要求相对宽松，这符合本研究比较复杂的特点。常用的衡量拟合度的指标为卡方值 P 大于 0.05 为标准。而路径系数的检验中，当系数 P 值大于 0.05 时，表明该路径的两个变量之间的影响不显著。

第四章

食物恐惧量表开发

本章通过对已有文献的回顾综述并结合当前行业现象的探讨，发现有关游客"食物恐惧"在旅游餐饮领域中的研究空白。因此，本研究旨在在以往研究的基础上，将恐惧的内容延伸到食物，尤其是旅游中，通过文献回顾和量表的构建，探讨游客食物恐惧的理论结构、测量标准和适用性。

第一节　食物恐惧的量表理论结构

根据上文对食物恐惧的相关研究综述，本节从五个方面构建食物恐惧的理论结构，如表4.1所示。

表4.1　游客食物恐惧的理论结构

构成	定义	来源
不熟悉的食物引发恐惧	不愿意、拒绝吃不熟悉的食物、陌生的食物	Fischler，1988；Pliner and Hobden，1992[①]
新食品加工技术引发的食物恐惧	新技术具有不确定性风险	Cox and Evans，2008[②]

---

① PLINER P，HOBDEN K. Development of a scale to measure the trait of food neophobia in humans［J］. Appetite，1992，19（2）：105–120.

② COX D，EVANS G. Construction and validation of a psychometric scale to measure consumers' fears of novel food technologies：the food technology neophobia scale［J］. Food quality and preference，2008，19：70.

续表

构成	定义	来源
食物感官不适引起的恐惧	由五感引发的恐惧	Rozin and Rozin, 1981; ① Tuorila, 1994; ② Ko, 2009 ③
感知风险引发的恐惧	食物恐惧症与"健康关注""体重维持"以及担心有害的或者不恰当的食物原料有关	Mak, Lumbers, and Eves, 2013; ④ 钟颖琦, 2014⑤
食物禁忌	由于特定文化形成的食物禁忌; 也可能是某些不好的联想造成的	切排和王兰, 2013; ⑥ Gyimóthy and Mykletun, 2009⑦

资料来源：本研究整理。

第二节　量表开发

在量表发展过程中，参照 Chuchill⑧ 和 DeVellis⑨ 提出的八个量表步骤：

---

① ROZIN E, ROZIN P. Culinary themes and variations [J]. The taste culture reader: experiencing food and drink, 2005: 34–41.

② TUORILA H, MEISELMAN H L, BELL R, et al. Role of sensory and cognitive information in the enhancement of certainty and linking for novel and familiar foods [J]. Appetite, 1994, 23 (3): 231–246.

③ KO W H. Foodservice satisfaction for work-sector meals: a model based on food variety, sensory feeling, and quality perception [J]. Journal of culinary science & technology, 2009, 7 (2–3): 132–151.

④ MAK A H, LUMBERS M, EVES A, et al. An application of the repertory grid method and generalised Procrustes analysis to investigate the motivational factors of tourist food consumption [J]. International journal of hospitality management, 2013, 35: 327–338.

⑤ 钟颖琦. 食品恐慌下消费者对食品添加剂的风险感知研究 [D]. 无锡: 江南大学, 2014.

⑥ 切排, 王兰. 藏族食物禁忌的人类学解读 [J]. 西藏大学学报（社会科学版）, 2013, 28 (1): 179–184.

⑦ GYIMÓTHY S, MYKLETUN R J. Scary food: commodifying culinary heritage as meal adventures in tourism [J]. Journal of vacation marketing, 2009, 15 (3): 259–273.

⑧ CHUCHILL J G A. A paradigm for developing better measures of marketing constructs [J]. Journal of marketing research, 1979, 16 (1): 64–73.

⑨ DEVELLIS R F. Scale development: theory and applications [M]. Los Angeles: SAGE publications, 2016.

第一步：明确被测概念的内涵及所涵盖的维度；

第二步：发展初始测项；

第三步：净化初始测项；

第四步：进行预测试并根据其信度检测结果修订问卷；

第五步：形成正式问卷并确定资料收集方法；

第六步：探索性因子分析；

第七步：验证性因子分析；

第八步：信效度检验。

在本研究中，第一步根据研究目标，明确各概念的内涵。第二步，根据对相关文献的回顾获得量表构建的理论结构和发展初始问项。第三步，通过表面效度和内容效度的分析，删除、合并意思相同相近、相互包含或有歧义的问项，修改部分术语的使用及表达方式，形成初始问卷。同时，在本步骤加入了公众调查的问卷结果，形成补充问项。第四步，进行预调研并检验信度结果，对问卷进行修订，形成正式问卷。第五步，发放正式问卷。第六步，检验测项的内部一致性。第七步，验证性因子分析。第八步，对量表的信度和效度进行检验。

（一）发展初始问项

为了提取初始测项，本研究对食物恐新、新技术带来的恐惧、食物厌恶、食物拒绝及食物禁忌等文献进行了系统回顾，提取出初始测项61条，其具体表述及文献来源见表4.2。

表4.2 初始测项

序号	原始题项	问项来源
1	I don't trust new foods	Pliner and Hobden, 1992；[1]
2	Ethnic food looks too weird to eat	Guidetti, 2018[2]

---

[1] PLINER P, HOBDEN K. Development of a scale to measure the trait of food neophobia in humans [J]. Appetite, 1992, 19（2）: 105-120.

[2] GUIDETTI M, CARRARO L, CAVAZZA N, et al. Validation of the revised food neophobia scale（FNS-R）in the Italian context [J]. Appetite, 2018, 128: 95-99.

续表

序号	原始题项	问项来源
3	If I don't know what is in a food, I won't try it	Pliner and Hobden, 1992; ① Ritchey, 2003 ②
4	I am afraid to eat things I have never had before	Pliner and Hobden, 1992; ③ Ritchey, 2003; ④ Guidetti, 2018; ⑤ Laureati, 2015 ⑥
5	I like to try weird taste and foods, which are unusual and coming from different countries (R)	Laureati, 2015 ⑦
6	Will you taste a vegetable if it looks strange?	Hollar, 2003 ⑧
7	Will you taste a vegetable if you do not know what it is?	
8	You are afraid to taste food you have never seen before	Rubio, 2008 ⑨

---

① PLINER P, HOBDEN K. Development of a scale to measure the trait of food neophobia in humans [J]. Appetite, 1992, 19 (2): 105-120.
② RITCHEY P N, FRANK R A, HURSTI U K, et al. Validation and cross-national comparison of the food neophobia scale (FNS) using confirmatory factor analysis [J]. Appetite, 2003, 40 (2): 163-173.
③ PLINER P, HOBDEN K. Development of a scale to measure the trait of food neophobia in humans [J]. Appetite, 1992, 19 (2): 105-120.
④ RITCHEY P N, FRANK R A, HURSTI U K, et al. Validation and cross-national comparison of the food neophobia scale (FNS) using confirmatory factor analysis [J]. Appetite, 2003, 40 (2): 163-173.
⑤ GUIDETTI M, CARRARO L, CAVAZZA N, et al. Validation of the revised Food Neophobia Scale (FNS-R) in the Italian context [J]. Appetite, 2018, 128: 95-99.
⑥ LAUREATI M, BERGAMASCHI V, PAGLIARINI E. Assessing childhood food neophobia: validation of a scale in Italian primary school children [J]. Food quality and preference, 2015, 40: 8-15.
⑦ LAUREATI M, BERGAMASCHI V, PAGLIARINI E. Assessing childhood food neophobia: validation of a scale in Italian primary school children [J]. Food quality and preference, 2015, 40: 8-15.
⑧ HOLLAR D, PAXTON-AIKEN A, FLEMING P. Exploratory validation of the fruit and vegetable neophobia instrument among third- to fifth-grade students [J]. Appetite, 2013, 60 (1): 226-230.
⑨ RUBIO B, RIGAL N, BOIREAU-DUCEPT N, et al. Measuring willingness to try new foods: a self-report questionnaire for French-speaking children [J]. Appetite, 2008, 50 (2-3): 408-414.

续表

序号	原始题项	问项来源
9	The benefits of new food technologies are often grossly overstated	Cox and Evans，2008[1]
10	New food technologies are something I am uncertain about	
11	New foods are not healthier than traditional foods	
12	New food technologies are unlikely to have long term negative health effects（R）	
13	It can be risky to switch to new food technologies too quickly	
14	To put animal cartilage into my mouth	Hartmann，2018[2]
15	To see raw meat	
16	To eat a steak that is still bloody inside	Hartmann，2018[3]
17	To see a whole pig en brochette	
18	To eat with dirty silverware in a restaurant	
19	A meal prepared by a cook who has greasy hair and dirty fingernails	
20	If the cook in a restaurant has an open cut	
21	If people blow their nose before they serve my meal	
22	Another person's hair in my soup	
23	Food donated from a neighbor whom I barely know	
24	If a friend bites into my bread	
25	To drink from the same drinking glass a friend has already drunk from	
26	If friends or acquaintance have touched my food	

[1] COX D, EVANS G. Construction and validation of a psychometric scale to measure consumers' fears of novel food technologies: the food technology neophobia scale [J]. Food quality and preference, 2008, 19: 704–710.

[2] HARTMANN C, SIEGRIST M. Development and validation of the food disgust scale [J]. Food quality and preference, 2018, 63: 38–50.

[3] HARTMANN C, SIEGRIST M. Development and validation of the food disgust scale [J]. Food quality and preference, 2018, 63: 38–50.

续表

序号	原始题项	问项来源
27	I almost always reject bitter foods, even if they are only a slightly bitter	Wildes, 2012;[1] Kauer, 2015[2]
28	I almost always reject sour foods	
29	I almost always reject sweet foods	
30	I almost always reject salty foods	
31	I almost always avoid food with a particular consistency (texture) (for example, foods that are crunchy, gelatinous, or very chewy)	
32	I almost always reject foods that are slippery or "slimy" (for example, okra, oysters, soft boiled egg or fried egg)	
33	I almost always reject only foods that are a particular color	
34	I almost always reject foods that are mixed or combined (for example, peas and carrots, a sandwich with several things in it, things like tuna salad.)	
35	I almost always reject foods with "lumps" in them (for example, a sauce with pieces in it or a stew), even if they are supposed to be that way (so this does not mean lumpy oatmeal or gravy)	Wildes, 2012;[3] Kauer, 2015[4]
36	I almost always refuse foods that have "things" in it (for example, a cookie with raisins in it, a brownie with nuts in it)	
37	I almost always refuse foods with sauces on them (for example, pasta with tomato sauce, turkey with gravy)	
38	I almost always reject foods it there is something I can't see in them (for example, filled foods like eggrolls, dumplings, ravioli)	
39	Usually I will not eat a food if I saw someone else touch it	

[1] WILDES J E, ZUCKER N L, MARCUS M D. Picky eating in adults: results of a web-based survey[J]. International journal of eating disorders, 2012, 45 (4): 575–582.

[2] KAUER J, PELCHAT M L, ROZIN P, et al. Adult picky eating. Phenomenology, taste sensitivity, and psychological correlates[J]. Appetite, 2015, 90: 219–228.

[3] WILDES J E, ZUCKER N L, MARCUS M D. Picky eating in adults: results of a web-based survey[J]. International journal of eating disorders, 2012, 45 (4): 575–582.

[4] KAUER J, PELCHAT M L, ROZIN P, et al. Adult picky eating. Phenomenology, taste sensitivity, and psychological correlates[J]. Appetite, 2015, 90: 219–228.

续表

序号	原始题项	问项来源
40	A food that you consider disgusting（e.g. a cockroach or a specific excretory product）	Rozin and Fallon，1980①
41	A food that you strongly dislike because of its taste，but that does not disgust you（e.g. quinine water，strong black coffee，hot chili peppers）	
42	A canned food that you like which may contain small amounts of a dangerous micro-organism	
43	Cold milk	
44	A food to which you are allergic	
45	Body temperature milk	
46	A combination of two foods that you like individually but strongly dislike in combination（e.g. catsup and ice cream，hamburger and whipped cream，chocolate and string beans）	
47	A dislike that you can trace to a particular experience in your past	
48	I dislike the taste of this food	
49	I dislike the texture of this food	
50	I dislike the smell of this food	Rozin and Fallon，1980②
51	I dislike the appearance of this food	
52	I would dislike any dish that contained even the tiniest amount of this food，even if I could not taste，smell，feel or see it	
53	I dislike this food because of the idea of what it is or where it comes from	
54	I feel that this food might contain something that even in modest amounts might physically endanger my body	

① ROZIN P，FALLON A. The psychological categorization of foods and non-foods：a preliminary taxonomy of food rejections［J］. Appetite，1980，1（3）：193-201.

② ROZIN P，FALLON A. The psychological categorization of foods and non-foods：a preliminary taxonomy of food rejections［J］. Appetite，1980，1（3）：193-201.

序号	原始题项	问项来源
55	I would be disgusted to eat any dish with insects	Barbera，2020[①]
56	Thinking about the flavor that a bug might have sickens me	
57	I would avoid eating a dish with insects among the ingredients，even if it was cooked by a famous chef	
58	I would be bothered by finding dishes cooked with insects on a restaurant menu	
59	民族禁忌的食物，让我感到恐惧	切排、王兰，2013[②]
60	文化中有禁忌的食物，让我感到恐惧	
61	宗教信仰中禁忌的食物，让我感到恐惧	

资料来源：本研究整理。注：R 表示反向问题。

（二）净化初始题项

本节运用德尔菲法对内容加以修正以净化初始题项。

德尔菲法又称专家意见法或专家函询调查法，在量表构建的过程中，通过对相关专家意见的征询，对初始量表中的测项进行修改、提炼或删除处理。[③] 在本研究中，通过与导师商量，邀请到五名专家（心理学博士、旅游领域教授、食品营养卫生专家、旅行社创始人导游、酒店行政总厨），在说明了本研究的问题和问卷的相关情况后，进行了第一次意见征询。结果如下：

---

① BARBERA F A，VERNEAU F，VIDEBAEK P N，et al. A self-report measure of attitudes toward the eating of insects：construction and validation of the entomophagy attitude questionnaire[J]. Food quality and preference，2020，79：103–757.

② 切排，王兰. 藏族食物禁忌的人类学解读[J]. 西藏大学学报（社会科学版），2013，28（1）：179–184.

③ CHUCHILL J G A. A paradigm for developing better measures of marketing constructs[J]. Journal of marketing research，1979，16（1）：64–73.

心理学博士：问项的内容应该结合具体的研究对象加以修正。建议做一个开放调查，看内容上是否有新的维度。在心理学中，phobia 和 fear 在学术上没有区分，phobia 指的是对具体的物的恐惧，phobia 的范围大于 fear。

旅游领域教授：初始测项数量过多，不利于问卷调查。同一构面下意思相同的测项保留一个即可。

食品营养卫生专家：在卫生方面的问项中，应该增加食品添加剂和非应季的食物，因为这是目前消费者比较关注的食物安全问题。

旅行社创始人导游：问项中有些项目是国外比较有特色的食物，在中国不一定常见，如奎宁水、浓咖啡，应该根据中国实际进行调整。

酒店行政总厨：问项中有些项目过细，如甜的、咸的、苦的这几个问项可以归为："特定味道的食物（腌制、太甜、太辣、太咸），让我感到恐惧。"

根据专家的意见整理了中文版的量表初始问项，见表4.3。

表4.3 初始测项（中文）

序号	具体测项	问项来源
1	新的食物让我感到恐惧	Pliner and Hobden，1992；① Guidetti，2018②
2	看起来奇怪的少数民族食物，让我感到恐惧	
3	食物里的未知成分，让我感到恐惧	Pliner and Hobden，1992；③ Ritchey，2003④

① PLINER P，HOBDEN K. Development of a scale to measure the trait of food neophobia in humans[J]. Appetite，1992，19（2）：105-120.

② GUIDETTI M，CARRARO L，CAVAZZA N，et al. Validation of the revised food neophobia scale（FNS-R）in the Italian context[J]. Appetite，2018，128：95-99.

③ PLINER P，HOBDEN K. Development of a scale to measure the trait of food neophobia in humans[J]. Appetite，1992，19（2）：105-120.

④ RITCHEY P N，FRANK R A，HURSTI U K，et al. Validation and cross-national comparison of the food neophobia scale（FNS）using confirmatory factor analysis[J]. Appetite，2003，40（2）：163-173.

续表

序号	具体测项	问项来源
4	以前没有吃过的食物，让我感到恐惧	Pliner and Hobden，1992；① Ritchey，2003；② Guidetti，2018；③ Laureati，2015④
5	奇怪口味的食物让我感到恐惧	Laureati，2015⑤
6	看起来奇怪的蔬菜，让我感到恐惧	Hollar，2003⑥
7	不知道名字的蔬菜让我感到恐惧	
8	以前没有见过的食物，让我感到恐惧	Rubio，2008⑦
9	新食品技术做出来的食物，让我感到恐惧	Cox and Evans，2008⑧
10	新食品技术做出来的食物具有不确定性，让我感到恐惧	

① PLINER P，HOBDEN K. Development of a scale to measure the trait of food neophobia in humans [J]. Appetite，1992，19（2）：105–120.

② RITCHEY P N，FRANK R A，HURSTI U K，et al. Validation and cross-national comparison of the food neophobia scale（FNS）using confirmatory factor analysis [J]. Appetite，2003，40（2）：163–173.

③ GUIDETTI M，CARRARO L，CAVAZZA N，et al. Validation of the revised food neophobia scale（FNS–R）in the Italian context [J]. Appetite，2018，128：95–99.

④ LAUREATI M，BERGAMASCHI V，PAGLIARINI E. Assessing childhood food neophobia：validation of a scale in Italian primary school children [J]. Food quality and preference，2015，40：8–15.

⑤ LAUREATI M，BERGAMASCHI V，PAGLIARINI E. Assessing childhood food neophobia：validation of a scale in Italian primary school children [J]. Food quality and preference，2015，40：8–15.

⑥ HOLLAR D，PAXTON-AIKEN A，FLEMING P. Exploratory validation of the fruit and vegetable neophobia instrument among third- to fifth-grade students [J]. Appetite，2013，60（1）：226–230.

⑦ RUBIO B，RIGAL N，BOIREAU-DUCEPT N，et al. Measuring willingness to try new foods：a self-report questionnaire for French-speaking children [J]. Appetite，2008，50（2–3）：408–414.

⑧ COX D，EVANS G. Construction and validation of a psychometric scale to measure consumers' fears of novel food technologies：the food technology neophobia scale [J]. Food quality and preference，2008，19：704–710.

续表

序号	具体测项	问项来源
11	新的食品技术做出来的食物比传统食物更不健康，让我感到恐惧	Cox and Evans，2008[①]
12	新食品技术做出来的食物可能对环境产生长期负面影响，让我感到恐惧	
13	过快更新的新食品技术做出来的食物，让我感到恐惧	
14	动物的软骨，让我感到恐惧	
15	生肉，让我感到恐惧	
16	里面带血的扒类，让我感到恐惧	
17	烤架上的一头整猪，让我感到恐惧	
18	很脏的餐器盛的食物，让我感到恐惧	
19	个人卫生很差劲的厨师做出来的食物，让我感到恐惧	
20	生病或受伤的厨师做出来的食物，让我感到恐惧	Hartmann，2018[②]
21	个人卫生差的服务员（如用手摸鼻子）服务的食物，让我感到恐惧	
22	有异物（如头发）的食物，让我感到恐惧	
23	我几乎不认识的邻居给的食物，让我感到恐惧	
24	朋友咬过的面包，让我感到恐惧	
25	朋友用过的盛器装的食物，让我感到恐惧	
26	朋友或者熟人碰了的食物，让我感到恐惧	

① COX D，EVANS G. Construction and validation of a psychometric scale to measure consumers' fears of novel food technologies：the food technology neophobia scale［J］. Food quality and preference，2008，19：704–710.

② HARTMANN C，SIEGRIST M. Development and validation of the food disgust scale［J］. Food quality and preference，2018，63：38–50.

27

序号	具体测项	问项来源
	苦的食物让我感到恐惧	Wildes, 2012; [①] Kauer, 2015[②]
28	酸的食物让我感到恐惧	
29	甜的食物让我感到恐惧	
30	咸的食物让我感到恐惧	
31	那些质地有特定稠度的食物（如脆、糊或非常有嚼劲的食物），让我感到恐惧	Wildes, 2012; [③] Kauer, 2015[④]
32	那些滑滑或"黏滑"的食物（如秋葵、牡蛎、软煮蛋或煎蛋），让我感到恐惧	
33	特定颜色的食物，让我感到恐惧	
34	混合或组合的食物（如豌豆和胡萝卜，三明治里有几样东西，比如金枪鱼色拉）让我感到恐惧	
35	含有"块状"的食物（如带有碎片的酱汁或炖肉），即使它们应该是这样的（所以这并不意味着块状的燕麦片或肉汁），让我感到恐惧	
36	那些有"东西"的食物（如里面有葡萄干的饼干、里面有坚果的布朗尼），让我感到恐惧	
37	带有酱汁的食物（如西红柿酱的意大利面、肉汁的火鸡），让我感到恐惧	
38	有一些我看不到东西的食物（如鸡蛋卷、饺子、馄饨），让我感到恐惧	
39	有人碰过的食物，让我感到恐惧	

① WILDES J E, ZUCKER N L, MARCUS M D. Picky eating in adults: results of a web-based survey[J]. International journal of eating disorders, 2012, 45（4）: 575–582.

② KAUER J, PELCHAT M L, ROZIN P, et al. Adult picky eating. Phenomenology, taste sensitivity, and psychological correlates[J]. Appetite, 2015, 90: 219–228.

③ WILDES J E, ZUCKER N L, MARCUS M D. Picky eating in adults: results of a web-based survey[J]. International journal of eating disorders, 2012, 45（4）: 575–582.

④ KAUER J, PELCHAT M L, ROZIN P, et al. Adult picky eating. Phenomenology, taste sensitivity, and psychological correlates[J]. Appetite, 2015, 90: 219–228.

序号	具体测项	问项来源
40	蟑螂或者是特定的排泄物，让我感到恐惧	Rozin and Fallon，1980①
41	奎宁水、浓黑咖啡、辣椒等有强烈气味的食物，让我感到恐惧	
42	可能含有极少量微生物的罐头食品，让我感到恐惧	
43	冷牛奶，让我感到恐惧	
44	过敏的食物，让我感到恐惧	
45	温牛奶，让我感到恐惧	
46	混合在一起的食物，如甜品和冰激凌、汉堡包和打发牛奶、巧克力和串豆，让我感到恐惧	
47	令人想起不好的过去的食物，让我感到恐惧	
48	某些味道的食物（如臭豆腐），让我感到恐惧	Rozin and Fallon，1980②
49	某些质地的食物（如菠萝蜜、泥鳅），让我感到恐惧	
50	某些气味的食物（如榴莲），让我感到恐惧	
51	某些特定的外形的食物（如章鱼），让我感到恐惧	
52	被污染的菜肴，让我感到恐惧	
53	不知道来源的食物，让我感到恐惧	
54	会危害身体健康的食物，让我感到恐惧	

---

① ROZIN P，FALLON A. The psychological categorization of foods and non-foods：a preliminary taxonomy of food rejections［J］. Appetite，1980，1（3）：193–201.

② ROZIN P，FALLON A. The psychological categorization of foods and non-foods：a preliminary taxonomy of food rejections［J］. Appetite，1980，1（3）：193–201.

续表

序号	具体测项	问项来源
55	含有昆虫的食物，让我感到恐惧	Barbera，2020[1]
56	一道有昆虫的菜，让我感到恶心、恐惧	
57	原料中有昆虫的食物，让我感到恐惧	
58	菜单上有昆虫的菜肴，让我感到恐惧	
59	民族禁忌的食物，让我感到恐惧	切排、王兰，2013[2]
60	文化中有禁忌的食物，让我感到恐惧	
61	宗教信仰中禁忌的食物，让我感到恐惧	

资料来源：本研究整理。

　　问卷设计工作通常都不是独立完成的，需要结合很多开放问卷、用户访谈、专家意见等定性研究以及定量研究来进行补充。[3] 在进行了第一次的意见征询后，考虑到食物恐惧不仅包含了具体的内容，同时也是一种情绪。本研究对公众进行开放调查，主要通过问卷星发放问卷，受调查者填写年龄、职业、收入等人口统计信息后，回答"什么样的食物让你感到恐惧？""如何形容你所害怕的食物？"在收集了257名调查者的数据后，通过对关键词出现的频次进行统计，再进行词云图分析，得到图4.1。

① BARBERA F A, VERNEAU F, VIDEBAEK P N, et al. A self-report measure of attitudes toward the eating of insects: construction and validation of the entomophagy attitude questionnaire [J]. Food quality and preference, 2020, 79: 103–757.

② 切排，王兰. 藏族食物禁忌的人类学解读 [J]. 西藏大学学报（社会科学版），2013, 28（1）: 179–184.

③ 周雪. 用户研究中的问卷设计理论建模 [D]. 北京: 北京邮电大学，2014.

图4.1 词云图

（数据源：本研究整理）

根据第一次的意见和公众调查，再进行第二次的专家意见征询，目的是进一步确认问项。在进行了两次征询意见后，专家的意见趋于一致，测项的修正结果见表4.4。

表4.4 修正的题项

序号	具体测项	修正结果
2	看起来奇怪的少数民族食物，让我感到恐惧	不知道来源的食物，让我感到恐惧
5	奇怪口味的食物让我感到恐惧	口味奇怪的食物让我感到恐惧
6	看起来奇怪的蔬菜，让我感到恐惧	看起来奇怪的食物，让我感到恐惧
7	不知道名字的蔬菜让我感到恐惧	不知道名字的食物让我感到恐惧
10	新食品技术做出来的食物具有不确定性，让我感到恐惧	删除
11	新的食品技术做出来的食物比传统食物更不健康，让我感到恐惧	删除
12	新食品技术做出来的食物可能对环境产生长期负面影响，让我感到恐惧	删除
13	过快更新的新食品技术做出来的食物，让我感到恐惧	删除

续表

序号	具体测项	修正结果
14	动物的软骨，让我感到恐惧	动物的特定部位（如软骨、内脏、头），让我感到恐惧
15	生肉，让我感到恐惧	生的食物，让我感到恐惧
16	里面带血的扒类，让我感到恐惧	未煮熟的食物（如里面带血的扒类），让我感到恐惧
17	烤架上的一头整猪，让我感到恐惧	整只烹制的食物（如烤架上的一整头猪），让我感到恐惧
23	我几乎不认识的邻居给的食物，让我感到恐惧	陌生人给的食物，让我感到恐惧
27	苦的食物让我感到恐惧	合并为"特定味道的食物（太甜、太辣、太咸、太酸、太苦），让我感到恐惧"
28	酸的食物让我感到恐惧	
29	甜的食物让我感到恐惧	
30	咸的食物让我感到恐惧	
31	那些质地有特定稠度的食物（如脆、糊或非常有嚼劲的食物），让我感到恐惧	那些口感质地奇怪的食物（如脆、糊或非常有嚼劲的食物），让我感到恐惧
32	那些滑滑或"黏滑"的食物（如秋葵、牡蛎、软煮蛋或煎蛋），让我感到恐惧	那些看起来或口感黏滑的食物（如秋葵、牡蛎、软煮蛋或煎蛋），让我感到恐惧
33	特定颜色的食物，让我感到恐惧	特定颜色的食物（如太鲜艳），让我感到恐惧
34	混合或组合的食物（如豌豆和胡萝卜，三明治里有几样东西，比如金枪鱼色拉）让我感到恐惧	删除
35	含有"块状"的食物（如带有碎片的酱汁或炖肉），即使它们应该是这样的（所以这并不意味着块状的燕麦片或肉汁），让我感到恐惧	汤汁或者酱料里含有"块状"的食物（如带有碎片的酱汁或炖肉），即使它们应该是这样的，也让我感到恐惧
36	那些有"东西"的食物（如里面有葡萄干的饼干、里面有坚果的布朗尼），让我感到恐惧	那些里面包有"东西"的食物（如里面有葡萄干的饼干、里面有坚果的布朗尼），让我感到恐惧

续表

序号	具体测项	修正结果
38	有一些我看不到东西的食物（如鸡蛋卷、饺子、馄饨），让我感到恐惧	删除，与36有些类似
39	有人碰过的食物，让我感到恐惧	删除
40	蟑螂或者是特定的排泄物，让我感到恐惧	删除
41	奎宁水、浓黑咖啡、辣椒等有强烈气味的食物，让我感到恐惧	浓黑咖啡、辣椒等有强烈气味的食物，让我感到恐惧
43	冷牛奶，让我感到恐惧	删除
45	温牛奶，让我感到恐惧	删除
46	混合在一起的食物，如甜品和冰激凌、汉堡包和打发牛奶、巧克力和串豆，让我感到恐惧	删除
48	某些味道的食物（如臭豆腐），让我感到恐惧	删除
49	某些质地的食物（如菠萝蜜、泥鳅），让我感到恐惧	特定质地的食物（如黏滑的、肥腻的），让我感到恐惧
50	某些气味的食物（如榴莲），让我感到恐惧	特定气味的食物（如榴莲、臭豆腐），让我感到恐惧
51	某些特定的外形的食物（如章鱼），让我感到恐惧	外形奇怪的食物（如章鱼或体型庞大），让我感到恐惧
52	被污染的菜肴，让我感到恐惧	被污染的食物，让我感到恐惧
54	会危害身体健康的食物，让我感到恐惧	删除
56	一道有昆虫的菜，让我感到恶心、恐惧	删除，统一为一个问题
57	原料中有昆虫的食物，让我感到恐惧	
58	菜单上有昆虫的菜肴，让我感到恐惧	

资料来源：本研究整理。

同时，根据开放调查和专家意见增加了六个问项，最终形成了预调研的问卷，如表4.5所示。

表4.5　预调研问卷

序号	具体测项	问项来源
1	新的食物让我感到恐惧	Pliner and Hobden, 1992; ① Guidetti et al., 2018②
2	以前没有吃过的食物，让我感到恐惧	Pliner and Hobden, 1992; ③ Ritchey, 2003; ④ Guidetti, 2018; ⑤ Laureati, 2015⑥
3	以前没有见过的食物，让我感到恐惧	Rubio, 2008⑦
4	不知道名字的食物，让我感到恐惧	Hollar, 2003⑧
5	不知道来源的食物，让我感到恐惧	Rozin and Fallon, 1980⑨

① PLINER P, HOBDEN K. Development of a scale to measure the trait of food neophobia in humans [J]. Appetite, 1992, 19 (2): 105-120.

② GUIDETTI M, CARRARO L, CAVAZZA N, et al. Validation of the revised food neophobia scale (FNS-R) in the Italian context [J]. Appetite, 2018, 128: 95-99.

③ PLINER P, HOBDEN K. Development of a scale to measure the trait of food neophobia in humans [J]. Appetite, 1992, 19 (2), 105-120.

④ RITCHEY P N, FRANK R A, HURSTI U K, et al. Validation and cross-national comparison of the food neophobia scale (FNS) using confirmatory factor analysis [J]. Appetite, 2003, 40 (2): 163-173.

⑤ GUIDETTI M, CARRARO L, CAVAZZA N, et al. Validation of the revised food neophobia scale (FNS-R) in the Italian context [J]. Appetite, 2018, 128: 95-99.

⑥ LAUREATI M, BERGAMASCHI V, PAGLIARINI E. Assessing childhood food neophobia: Validation of a scale in Italian primary school children [J]. Food quality and preference, 2015, 40: 8-15.

⑦ RUBIO B, RIGAL N, BOIREAU-DUCEPT N, et al. Measuring willingness to try new foods: a self-report questionnaire for french-speaking children [J]. Appetite, 2008, 50 (2-3): 408-414.

⑧ HOLLAR D, PAXTON-AIKEN A, FLEMING P. Exploratory validation of the fruit and vegetable neophobia instrument among third- to fifth-grade students [J]. Appetite, 2013, 60 (1): 226-230.

⑨ ROZIN P, FALLON A. The psychological categorization of foods and non-foods: A preliminary taxonomy of food rejections [J]. Appetite, 1980, 1 (3): 193-201.

续表

序号	具体测项	问项来源
6	食物里的未知成分，让我感到恐惧	Pliner and Hobden，1992；[①] Ritchey，2003[②]
7	新食品技术做出来的食物，让我感到恐惧	Cox and Evans，2008[③]
8	看起来奇怪的食物，让我感到恐惧	Pliner and Hobden，1992；[④] Guidetti，2018[⑤]
9	口味奇怪的食物，让我感到恐惧	Laureati，2015[⑥]
10	特定味道的食物（太甜、太辣、太咸、腌制），让我感到恐惧	Wildes，2012；[⑦] Kauer，2015[⑧]
11	那些口感质地奇怪的食物（如脆、糊或非常有嚼劲的食物），让我感到恐惧	Wildes，2012；[⑨] Kauer，2015[⑩]

① PLINER P，HOBDEN K. Development of a scale to measure the trait of food neophobia in humans[J]. Appetite，1992，19（2）：105–120.

② RITCHEY P N，FRANK R A，HURSTI U K，et al. Validation and cross-national comparison of the food neophobia scale（FNS）using confirmatory factor analysis[J]. Appetite，2003，40（2）：163–173.

③ COX D，EVANS G. Construction and validation of a psychometric scale to measure consumers' fears of novel food technologies：the food technology neophobia scale[J]. Food quality and preference，2008，19：704–710.

④ PLINER P，HOBDEN K. Development of a scale to measure the trait of food neophobia in humans[J]. Appetite，1992，19（2）：105–120.

⑤ GUIDETTI M，CARRARO L，CAVAZZA N，et al. Validation of the revised food neophobia scale（FNS–R）in the Italian context[J]. Appetite，2018，128：95–99.

⑥ LAUREATI M，BERGAMASCHI V，PAGLIARINI E. Assessing childhood food neophobia：validation of a scale in Italian primary school children[J]. Food quality and preference，2015，40：8–15.

⑦ WILDES J E，ZUCKER N L，MARCUS M D. Picky eating in adults：results of a web-based survey[J]. International journal of eating disorders，2012，45（4）：575–582.

⑧ KAUER J，PELCHAT M L，ROZIN P，et al. Adult picky eating. Phenomenology，taste sensitivity，and psychological correlates[J]. Appetite，2015，90：219–228.

⑨ WILDES J E，ZUCKER N L，MARCUS M D. Picky eating in adults：results of a web-based survey[J]. International journal of eating disorders，2012，45（4）：575–582.

⑩ KAUER J，PELCHAT M L，ROZIN P，et al. Adult picky eating. Phenomenology，taste sensitivity，and psychological correlates[J]. Appetite，2015，90：219–228.

续表

序号	具体测项	问项来源
12	那些看起来或者口感黏滑的食物（如秋葵、牡蛎、软煮蛋或煎蛋），让我感到恐惧	Wildes，2012；[①] Kauer，2015[②]
13	特定颜色的食物（如太鲜艳），让我感到恐惧	Wildes，2012；[③] Kauer，2015[④]
14	汤汁或酱料里含有"块状"食材的食物（如带有碎片的酱汁），即使它们应该是这样的，也让我感到恐惧	Wildes，2012；[⑤] Kauer，2015[⑥]
15	那些里面包有"东西"的食物（如里面有葡萄干的饼干、里面有坚果的布朗尼蛋糕），让我感到恐惧	Wildes，2012；[⑦] Kauer，2015[⑧]
16	带有酱汁的食物（如西红柿酱的意大利面、肉汁的火鸡），让我感到恐惧	Wildes，2012；[⑨] Kauer，2015[⑩]

① WILDES J E, ZUCKER N L, MARCUS M D. Picky eating in adults: results of a web-based survey [J]. International journal of eating disorders，2012，45（4）：575–582.
② KAUER J, PELCHAT M L, ROZIN P, et al. Adult picky eating. Phenomenology, taste sensitivity, and psychological correlates [J]. Appetite，2015，90：219–228.
③ WILDES J E, ZUCKER N L, MARCUS M D. Picky eating in adults: results of a web-based survey [J]. International journal of eating disorders，2012，45（4）：575–582.
④ KAUER J, PELCHAT M L, ROZIN P, et al. Adult picky eating. Phenomenology, taste sensitivity, and psychological correlates [J]. Appetite，2015，90：219–228.
⑤ WILDES J E, ZUCKER N L, MARCUS M D. Picky eating in adults: results of a web-based survey [J]. International journal of eating disorders，2012，45（4）：575–582.
⑥ KAUER J, PELCHAT M L, ROZIN P, et al. Adult picky eating. Phenomenology, taste sensitivity, and psychological correlates [J]. Appetite，2015，90：219–228.
⑦ WILDES J E, ZUCKER N L, MARCUS M D. Picky eating in adults: results of a web-based survey [J]. International journal of eating disorders，2012，45（4）：575–582.
⑧ KAUER J, PELCHAT M L, ROZIN P, et al. Adult picky eating. Phenomenology, taste sensitivity, and psychological correlates [J]. Appetite，2015，90：219–228.
⑨ WILDES J E, ZUCKER N L, MARCUS M D. Picky eating in adults: results of a web-based survey [J]. International journal of eating disorders，2012，45（4）：575–582.
⑩ KAUER J, PELCHAT M L, ROZIN P, et al. Adult picky eating. Phenomenology, taste sensitivity, and psychological correlates [J]. Appetite，2015，90：219–228.

续表

序号	具体测项	问项来源
17	浓黑咖啡、辣椒等有强烈气味的食物，让我感到恐惧	Wildes，2012；① Kauer，2015②
18	外形奇怪的食物（如体型庞大），让我感到恐惧	Wildes，2012；③ Kauer，2015；④公众调查
19	特定气味的食物（如榴莲、臭豆腐），让我感到恐惧	Wildes，2012；⑤ Kauer，2015；⑥公众调查
20	特定质地的食物（如黏滑的、肥腻的），让我感到恐惧	Wildes，2012；⑦ Kauer，2015；公众调查⑧
21	动物的特定部位（如软骨、内脏、头），让我感到恐惧	Hartmann，2018；公众调查⑨
22	生的食物，让我感到恐惧	Hartmann，2018；公众调查⑩

① WILDES J E, ZUCKER N L, MARCUS M D. Picky eating in adults: results of a web-based survey [J]. International journal of eating disorders, 2012, 45 (4): 575-582.

② KAUER J, PELCHAT M L, ROZIN P, et al. Adult picky eating. Phenomenology, taste sensitivity, and psychological correlates [J]. Appetite, 2015, 90: 219-228.

③ WILDES J E, ZUCKER N L, MARCUS M D. Picky eating in adults: results of a web-based survey [J]. International journal of eating disorders, 2012, 45 (4): 575-582.

④ KAUER J, PELCHAT M L, ROZIN P, et al. Adult picky eating. Phenomenology, taste sensitivity, and psychological correlates [J]. Appetite, 2015, 90: 219-228.

⑤ WILDES J E, ZUCKER N L, MARCUS M D. Picky eating in adults: results of a web-based survey [J]. International journal of eating disorders, 2012, 45 (4): 575-582.

⑥ KAUER J, PELCHAT M L, ROZIN P, et al. Adult picky eating. Phenomenology, taste sensitivity, and psychological correlates [J]. Appetite, 2015, 90: 219-228.

⑦ WILDES J E, ZUCKER N L, MARCUS M D. Picky eating in adults: results of a web-based survey [J]. International journal of eating disorders, 2012, 45 (4): 575-582.

⑧ KAUER J, PELCHAT M L, ROZIN P, et al. Adult picky eating. Phenomenology, taste sensitivity, and psychological correlates [J]. Appetite, 2015, 90: 219-228.

⑨ SIEGRIST M, HARTMANN C, KELLER C. Antecedents of food neophobia and its association with eating behavior and food choices [J]. Food quality and preference, 2013, 30 (2): 293-298.

⑩ SIEGRIST M, HARTMANN C, KELLER C. Antecedents of food neophobia and its association with eating behavior and food choices [J]. Food quality and preference, 2013, 30 (2): 293-298.

续表

序号	具体测项	问项来源
23	未煮熟的食物（如里面带血的扒类），让我感到恐惧	Hartmann，2018；[1]公众调查
24	整只烹制的动物（如烤架上的一整头猪），让我感到恐惧	Hartmann，2018[2]
25	过于逼真的象形食物，让我感到恐惧	公众调查
26	会动的食物，让我感到恐惧	公众调查
27	含有昆虫的食物，让我感到恐惧	Barbera，2020[3]
28	很脏的餐具盛的食物，让我感到恐惧	Hartmann，2018[4]
29	个人卫生很差劲的厨师做出来的食物，让我感到恐惧	Hartmann，2018[5]
30	生病或受伤的厨师做出来的食物，让我感到恐惧	Hartmann，2018[6]
31	个人卫生差的服务员（如用手摸鼻子）服务的食物，让我感到恐惧	Hartmann，2018[7]
32	有异物（如头发）的食物，让我感到恐惧	Hartmann，2018[8]

[1] SIEGRIST M，HARTMANN C，KELLER C. Antecedents of food neophobia and its association with eating behavior and food choices[J]. Food quality and preference，2013，30（2）：293-298.

[2] SIEGRIST M，HARTMANN C，KELLER C. Antecedents of food neophobia and its association with eating behavior and food choices[J]. Food quality and preference，2013，30（2）：293-298.

[3] BARBERA F A，VERNEAU F，VIDEBAEK P N，et al. A self-report measure of attitudes toward the eating of insects：construction and validation of the entomophagy attitude questionnaire[J]. Food quality and preference，2020，79：103-757.

[4] SIEGRIST M，HARTMANN C，KELLER C. Antecedents of food neophobia and its association with eating behavior and food choices[J]. Food quality and preference，2013，30（2）：293-298.

[5] SIEGRIST M，HARTMANN C，KELLER C. Antecedents of food neophobia and its association with eating behavior and food choices[J]. Food quality and preference，2013，30（2）：293-298.

[6] SIEGRIST M，HARTMANN C，KELLER C. Antecedents of food neophobia and its association with eating behavior and food choices[J]. Food quality and preference，2013，30（2）：293-298.

[7] SIEGRIST M，HARTMANN C，KELLER C. Antecedents of food neophobia and its association with eating behavior and food choices[J]. Food quality and preference，2013，30（2）：293-298.

[8] SIEGRIST M，HARTMANN C，KELLER C. Antecedents of food neophobia and its association with eating behavior and food choices[J]. Food quality and preference，2013，30（2）：293-298.

续表

序号	具体测项	问项来源
33	陌生人给的食物，让我感到恐惧	Hartmann，2018[1]
34	朋友咬过的面包，让我感到恐惧	Hartmann，2018[2]
35	朋友用过的盛器装的食物，让我感到恐惧	Hartmann，2018[3]
36	朋友或者熟人碰了的食物，让我感到恐惧	Hartmann，2018[4]
37	变质的、长霉的、过了保质期的、腐烂的食物，让我感到恐惧	公众调查
38	非应季的食物，让我感到恐惧	专家意见
39	食品添加剂大量使用的食物，让我感到恐惧	专家意见
40	有毒的食物，让我感到恐惧	公众调查
41	被污染的食物，让我感到恐惧	Rozin and Fallon，1980[5]
42	可能含有极少量微生物的罐头食品，让我感到恐惧	Rozin and Fallon，1980[6]
43	过敏的食物，让我感到恐惧	Rozin and Fallon，1980[7]

---

[1] SIEGRIST M，HARTMANN C，KELLER C. Antecedents of food neophobia and its association with eating behavior and food choices[J]. Food quality and preference，2013，30（2）：293-298.

[2] SIEGRIST M，HARTMANN C，KELLER C. Antecedents of food neophobia and its association with eating behavior and food choices[J]. Food quality and preference，2013，30（2）：293-298.

[3] SIEGRIST M，HARTMANN C，KELLER C. Antecedents of food neophobia and its association with eating behavior and food choices[J]. Food quality and preference，2013，30（2）：293-298.

[4] SIEGRIST M，HARTMANN C，KELLER C. Antecedents of food neophobia and its association with eating behavior and food choices[J]. Food quality and preference，2013，30（2）：293-298.

[5] ROZIN P，FALLON A. The psychological categorization of foods and non-foods：a preliminary taxonomy of food rejections[J]. Appetite，1980，1（3）：193-201.

[6] ROZIN P，FALLON A. The psychological categorization of foods and non-foods：a preliminary taxonomy of food rejections[J]. Appetite，1980，1（3）：193-201.

[7] ROZIN P，FALLON A. The psychological categorization of foods and non-foods：a preliminary taxonomy of food rejections[J]. Appetite，1980，1（3）：193-201.

续表

序号	具体测项	问项来源
44	令人想起不好往事的食物，让我感到恐惧	Rozin and Fallon，1980[1]
45	民族禁忌的食物，让我感到恐惧	切排、王兰，2013[2]
46	文化中有禁忌的食物，让我感到恐惧	切排、王兰，2013[3]
47	宗教信仰中禁忌的食物，让我感到恐惧	切排、王兰，2013[4]

资料来源：本研究整理。

（三）预测试

根据量表开发步骤，在设计好调查问卷之后，需要进行预调研，主要是考察问卷中的文字表述及测项的设置是否合理，同时通过定量分析进行信度和效度检验以删除测项，以便进行因子分析。（陈钢华、赵丽君，2017）本研究于2020年6月30日至2020年7月15日通过问卷星对消费者（主要是朋友圈）进行了预调研问卷的发放。本次调研问卷发放107份，回收107份，回收率100%，有效问卷率为100%。

本研究以SPSS 25.0为检验工具，通过Cronbach's Alpha结合校正的项统计相关性（CITC）对预调查问卷的信度进行检验。其Cronbach's Alpha值为0.931，大于0.8，表明该预调研问卷的信度水平良好。其测项检验结果如表4.6所示。

---

[1] ROZIN P，FALLON A. The psychological categorization of foods and non-foods：a preliminary taxonomy of food rejections [J]. Appetite, 1980, 1（3）：193–201.

[2] 切排，王兰. 藏族食物禁忌的人类学解读 [J]. 西藏大学学报（社会科学版），2013, 28（1）：179–184.

[3] 切排，王兰. 藏族食物禁忌的人类学解读 [J]. 西藏大学学报（社会科学版），2013, 28（1）：179–184.

[4] 切排，王兰. 藏族食物禁忌的人类学解读 [J]. 西藏大学学报（社会科学版），2013, 28（1）：179–184.

表4.6　预调研问卷的信度检验运行结果

序号	量表测项	修正后的项与总计相关性	删除项后的Cronbach's Alpha
1	新的食物让我感到恐惧	0.399	0.930
2	以前没有吃过的食物，让我感到恐惧	0.381	0.930
3	以前没有见过的食物，让我感到恐惧	0.424	0.930
4	不知道名字的食物，让我感到恐惧	0.523	0.929
5	不知道来源的食物，让我感到恐惧	0.433	0.930
6	食物里的未知成分，让我感到恐惧	0.475	0.929
7	新食品技术做出来的食物，让我感到恐惧	0.438	0.930
8	看起来奇怪的食物，让我感到恐惧	0.617	0.928
9	口味奇怪的食物，让我感到恐惧	0.591	0.928
10	特定味道的食物（太甜、太辣、太咸、腌制），让我感到恐惧	0.322	0.930
11	那些口感质地奇怪的食物（如脆、糊或非常有嚼劲的食物），让我感到恐惧	0.568	0.928
12	那些看起来或者口感黏滑的食物（如秋葵、牡蛎、软煮蛋或煎蛋），让我感到恐惧	0.556	0.928
13	特定颜色的食物（如太鲜艳），让我感到恐惧	0.560	0.928
14	汤汁或酱料里含有"块状"食材的食物（如带有碎片的酱汁），即使它们应该是这样的，也让我感到恐惧	0.578	0.928
15	那些里面包有"东西"的食物（如里面有葡萄干的饼干、里面有坚果的布朗尼蛋糕），让我感到恐惧	0.428	0.930

续表

序号	量表测项	修正后的项与总计相关性	删除项后的Cronbach's Alpha
16	带有酱汁的食物（如西红柿酱的意大利面、肉汁的火鸡），让我感到恐惧	0.463	0.929
17	浓黑咖啡、辣椒等有强烈气味的食物，让我感到恐惧	0.414	0.930
18	外形奇怪的食物（如体型庞大），让我感到恐惧	0.462	0.929
19	特定气味的食物（如榴莲、臭豆腐），让我感到恐惧	0.357	0.930
20	特定质地的食物（如黏滑的、肥腻的），让我感到恐惧	0.554	0.928
21	动物的特定部位（如软骨、内脏、头），让我感到恐惧	0.509	0.929
22	生的食物，让我感到恐惧	0.585	0.928
23	未煮熟的食物（如里面带血的扒类），让我感到恐惧	0.490	0.929
24	整只烹制的动物（如烤架上的一整头猪），让我感到恐惧	0.470	0.929
25	过于逼真的象形食物，让我感到恐惧	0.556	0.928
26	会动的食物，让我感到恐惧	0.368	0.930
27	含有昆虫的食物，让我感到恐惧	0.441	0.929
28	很脏的餐具盛的食物，让我感到恐惧	0.378	0.930
29	个人卫生很差劲的厨师做出来的食物，让我感到恐惧	0.412	0.930
30	生病或受伤的厨师做出来的食物，让我感到恐惧	0.300	0.930

序号	量表测项	修正后的项与总计相关性	删除项后的Cronbach's Alpha
31	个人卫生差的服务员（如用手摸鼻子）服务的食物，让我感到恐惧	0.335	0.930
32	有异物（如头发）的食物，让我感到恐惧	0.460	0.929
33	陌生人给的食物，让我感到恐惧	0.375	0.930
34	朋友咬过的面包，让我感到恐惧	0.389	0.930
35	朋友用过的盛器装的食物，让我感到恐惧	0.381	0.930
36	朋友或者熟人碰了的食物，让我感到恐惧	0.460	0.929
37	变质的、长霉的、过了保质期的、腐烂的食物，让我感到恐惧	0.336	0.930
38	非应季的食物，让我感到恐惧	0.489	0.929
39	食品添加剂大量使用的食物，让我感到恐惧	0.448	0.929
40	有毒的食物，让我感到恐惧	0.350	0.930
41	被污染的食物，让我感到恐惧	0.391	0.930
42	可能含有极少量微生物的罐头食品，让我感到恐惧	0.427	0.930
43	过敏的食物，让我感到恐惧	0.380	0.930
44	令人想起不好往事的食物，让我感到恐惧	0.508	0.929
45	民族禁忌的食物，让我感到恐惧	0.513	0.929
46	文化中有禁忌的食物，让我感到恐惧	0.534	0.929
47	宗教信仰中禁忌的食物，让我感到恐惧	0.522	0.929

数据来源：本研究整理。

（四）预调研问卷信度检验结果

从表4.6可以看出，测项1、2、10、19、26、28、30、31、33、34、35、37、40、41、43所对应的校正项总计相关性（CITC）低于0.4，应予以删除，删除测项如表4.7所示。

表4.7 信度检验删除测项

序号	量表测项	删除原因
1	新的食物让我感到恐惧	CITC 值小于0.4
2	以前没有吃过的食物，让我感到恐惧	CITC 值小于0.4
10	特定味道的食物（太甜、太辣、太咸、腌制），让我感到恐惧	CITC 值小于0.4
19	特定气味的食物（如榴莲、臭豆腐），让我感到恐惧	CITC 值小于0.4
26	会动的食物，让我感到恐惧	CITC 值小于0.4
28	很脏的餐具盛的食物，让我感到恐惧	CITC 值小于0.4
30	生病或受伤的厨师做出来的食物，让我感到恐惧	CITC 值小于0.4
31	个人卫生差的服务员（如用手摸鼻子）服务的食物，让我感到恐惧	CITC 值小于0.4
33	陌生人给的食物，让我感到恐惧	CITC 值小于0.4
34	朋友咬过的面包，让我感到恐惧	CITC 值小于0.4
35	朋友用过的盛器装的食物，让我感到恐惧	CITC 值小于0.4
37	变质的、长霉的、过了保质期的、腐烂的食物，让我感到恐惧	CITC 值小于0.4
40	有毒的食物，让我感到恐惧	CITC 值小于0.4
41	被污染的食物，让我感到恐惧	CITC 值小于0.4
43	过敏的食物，让我感到恐惧	CITC 值小于0.4

数据来源：本研究整理。

通过 KMO 值（Kaiser-Meyer-Olkin）和 Bartlett（Bartlett Test of Sphericity）来检验预调查样本的结构效度。结果显示 KMO 值为 0.772，大于 0.7，Bartlett 检验的近似卡方值达到显著（见表4.8）。

表4.8　预调研样本 KMO 检验和球形检验

KMO 值		0.772
巴特利特球形度检验	近似卡方	2100.639
	自由度	496
	显著性	0.000

数据来源：本研究整理。

通过预调研的信度和效度检验，得到正式问卷如下（见表4.9）。

表4.9　正式调查"食物恐惧"的问卷测项

序号	测项
1	以前没有见过的食物，让我感到恐惧
2	不知道名字的食物，让我感到恐惧
3	不知道来源的食物，让我感到恐惧
4	食物里的未知成分，让我感到恐惧
5	新食品技术做出来的食物，让我感到恐惧
6	看起来奇怪的食物，让我感到恐惧
7	口味奇怪的食物，让我感到恐惧
8	那些口感质地奇怪的食物（如脆、糊或非常有嚼劲的食物），让我感到恐惧
9	那些看起来或者口感黏滑的食物（如秋葵、牡蛎、软煮蛋或煎蛋），让我感到恐惧
10	特定颜色的食物（如太鲜艳），让我感到恐惧
11	汤汁或酱料里含有"块状"食材的食物（如带有碎片的酱汁），即使它们应该是这样的，也让我感到恐惧

续表

序号	测项
12	那些里面包有"东西"的食物（如里面有葡萄干的饼干、里面有坚果的布朗尼蛋糕），让我感到恐惧
13	带有酱汁的食物（如西红柿酱的意大利面、肉汁的火鸡），让我感到恐惧
14	浓黑咖啡、辣椒等有强烈气味的食物，让我感到恐惧
15	外形奇怪的食物（如体型庞大），让我感到恐惧
16	特定质地的食物（如黏滑的、肥腻的），让我感到恐惧
17	动物的特定部位（如软骨、内脏、头），让我感到恐惧
18	生的食物，让我感到恐惧
19	未煮熟的食物（如里面带血的扒类），让我感到恐惧
20	整只烹制的动物（如烤架上的一整头猪），让我感到恐惧
21	过于逼真的象形食物，让我感到恐惧
22	含有昆虫的食物，让我感到恐惧
23	个人卫生很差劲的厨师做出来的食物，让我感到恐惧
24	有异物（如头发）的食物，让我感到恐惧
25	朋友或者熟人碰了的食物，让我感到恐惧
26	非应季的食物，让我感到恐惧
27	食品添加剂大量使用的食物，让我感到恐惧
28	可能含有极少量微生物的罐头食品，让我感到恐惧
29	令人想起不好往事的食物，让我感到恐惧
30	民族禁忌的食物，让我感到恐惧
31	文化中有禁忌的食物，让我感到恐惧
32	宗教信仰中禁忌的食物，让我感到恐惧

资料来源：本研究整理。

（五）正式调查问卷探索性因子和验证性因子分析

2021年1月11日至2021年1月17日，通过问卷星发放网络问卷的形式，共发放问卷425份，有效问卷420份，经过对问卷进行探索性因子和验证性因子分析，得到如下结果：

1. 探索性因子分析（见表4.10）

表4.10　KMO 和巴特利特检验

KMO 取样适切性量数		0.874
Bartlett 的球形度检验	上次读取的卡方	4070.951
	自由度	210
	显著性	0.000

数据来源：本研究整理。

由表4.10可知，KMO 值为0.874，大于0.5；Bartlett 球形度检验统计量的值为4070.951分析得到的 p 值接近于0，小于5% 的显著性水平，表明适合做因子分析。

表4.11　因子分析结果

	因子				
	1	2	3	4	5
V1					0.808
V2					0.803
V3					0.731
V4	0.745				
V5	0.746				
V6	0.745				
V7	0.813				
V8	0.830				

续表

	因子				
	1	2	3	4	5
V9	0.791				
V10	0.599				
V11		0.756			
V12		0.779			
V13		0.782			
V14		0.861			
V15		0.715			
V16				0.876	
V17				0.790	
V18				0.635	
V19			0.895		
V20			0.892		
V21			0.900		
特征值	4.316	3.472	2.652	2.093	2.088
方差百分比	20.553	16.531	12.631	9.965	9.944
累积 %	20.553	37.084	49.715	59.680	69.624

数据来源：本研究整理。

表4.11是因子分析结果表，按照累计贡献率超过50%，特征值大于1的原则，可以从问卷21个题目中提取出5个主要因子。这5个主要因子的累积方差贡献率达到69.624%，说明被剔除的信息量很少，因子分析结果可靠。

V1~V3在因子5上的载荷较大，可以将其命名为F1（新引起的恐惧）；V4~V10在因子1上的载荷较大，可以将其命名为F2（感官不适引起的恐惧）；V11~V15在因子2上的载荷较大，可以将其命名为F3（加工方式不适引起的恐惧）；V16~V18在因子4上的载荷较大，可以将其命名为F4（感知潜在风险引起的恐惧）；V19~V21在因子3上的载荷较大，可以将其命名为F5（禁忌引起的恐惧）。各因子载荷均大于0.5且各个题项不存在交叉载荷严重的情况，每个测量项聚集在相应的因子下，因此说明这个量表具有良好的结构效度。

2. 验证性因子分析（见图4.2）

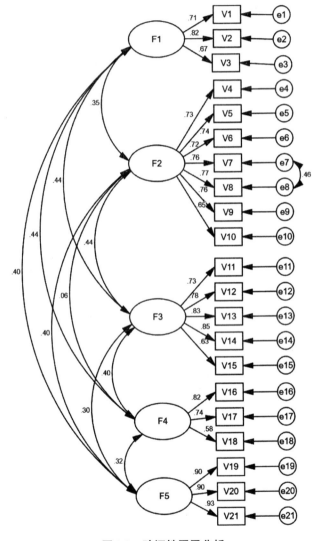

图4.2　验证性因子分析

（数据来源：本研究整理）

表4.12 量表的模型拟合指针结果

指标	绝对拟合指标		增值拟合指标			简约拟合指标	
具体分类	x^2/df	RMSEA	IFI	TLI	CFI	PGFI	PNFI
判断标准	<5	<0.08	>0.9	>0.9	>0.9	>0.5	>0.5
拟合效果	2.116	0.057	0.950	0.941	0.950	0.701	0.771

数据来源：本研究整理。

表4.12是量表的验证性因子分析的模型适配度表，由表可知，从绝对拟合指标而言，X^2/df值为2.116，小于5。RMSEA的值为0.057，小于0.08。绝对拟合指标适配理想。从增值拟合指标而言，IFI的值为0.950，大于0.9。TLI的值为0.941，大于0.9。CFI的值为0.950，大于0.9。增值拟合指标适配理想。从简约拟合指标而言，PGFI的值为0.701，大于0.5。PNFI的值为0.771，大于0.5。简约拟合指标适配理想。总体而言，量表的指标适配理想。

表4.13 量表的收敛效度

维度	题项	标准化因子载荷	CR	AVE
新引起的恐惧	V1	0.708	0.777	0.540
	V2	0.818		
	V3	0.670		
感官不适引起的恐惧	V4	0.730	0.891	0.539
	V5	0.739		
	V6	0.717		
	V7	0.757		
	V8	0.773		
	V9	0.763		
	V10	0.653		

维度	题项	标准化因子载荷	CR	AVE
加工方式不适引起的恐惧	V11	0.734	0.877	0.590
	V12	0.776		
	V13	0.832		
	V14	0.846		
	V15	0.632		
感知潜在风险引起的恐惧	V16	0.822	0.764	0.523
	V17	0.744		
	V18	0.584		
禁忌引起的恐惧	V19	0.903	0.936	0.831
	V20	0.904		
	V21	0.927		

数据来源：本研究整理。

表4.13是量表的收敛效度表，由表可知，量表的各题项标准化载荷值均大于0.5，符合标准。F1~F5的CR值分别为0.777、0.891、0.877、0.764、0.936，均大于0.6；AVE的值分别为0.540、0.539、0.590、0.523、0.831，均大于0.5，说明量表的收敛效度达标。

表4.14　区分效度表

	F1	F2	F3	F4	F5
F1	0.735				
F2	0.351***	0.734			
F3	0.436***	0.436***	0.768		
F4	0.439***	0.061	0.403***	0.723	
F5	0.400***	0.402***	0.302***	0.317***	0.912

注：***、**、*分别代表 $P<0.001$、$P<0.01$、$P<0.05$；对角在线是 AVE 的平方根。

　　表4.14是区分效度表，AVE 的平方根均大于对应变量之间的相关系数，证明量表具有较好的区分效度。

　　最终得到食物恐惧的量表如下（见表4.15）。

表4.15　食物恐惧的量表

维度	序号	测项
新引起的恐惧	V1	不知道来源的食物，让我感到恐惧
	V2	食物里的未知成分，让我感到恐惧
	V3	看起来奇怪的食物，让我感到恐惧
感官不适引起的恐惧	V4	那些口感质地奇怪的食物（如脆、糊或非常有嚼劲的食物），让我感到恐惧
	V5	那些看起来或者口感黏滑的食物（如秋葵、牡蛎、软煮蛋或煎蛋），让我感到恐惧
	V6	汤汁或酱料里含有"块状"食材的食物（如带有碎片的酱汁），即使它们应该是这样的，也让我感到恐惧
	V7	那些里面包有"东西"的食物（如里面有葡萄干的饼干、里面有坚果的布朗尼蛋糕），让我感到恐惧
	V8	带有酱汁的食物（如西红柿酱的意大利面、肉汁的火鸡），让我感到恐惧
	V9	浓黑咖啡、辣椒等有强烈气味的食物，让我感到恐惧
	V10	外形奇怪的食物（如体型庞大），让我感到恐惧
加工方式不适引起的恐惧	V11	动物的特定部位（如软骨、内脏、头），让我感到恐惧
	V12	生的食物，让我感到恐惧
	V13	未煮熟的食物（如里面带血的扒类），让我感到恐惧
	V14	整只烹制的动物（如烤架上的一整头猪），让我感到恐惧
	V15	过于逼真的象形食物，让我感到恐惧
感知潜在风险引起的恐惧	V16	个人卫生很差劲的厨师做出来的食物，让我感到恐惧
	V17	有异物（如头发）的食物，让我感到恐惧
	V18	食品添加剂大量使用的食物，让我感到恐惧

续表

维度	序号	测项
禁忌引起的恐惧	V19	民族禁忌的食物，让我感到恐惧
	V20	文化中有禁忌的食物，让我感到恐惧
	V21	宗教信仰中禁忌的食物，让我感到恐惧

数据来源：本研究整理。

第五章

研究结果分析

第一节　描述性统计分析

本研究共收集到有效问卷460份，从性别、年龄、受教育程度、月收入、旅游同行旅伴进行描述分析，具体统计数据见表5.1。

表5.1　结构模型人口变量描述统计结果

统计量	分类	频数	百分比
性别	男	204	44.3%
	女	256	55.7%
年龄	18~27岁	244	53%
	28~37岁	100	21.7%
	38~47岁	81	17.6%
	48~57岁	30	6.5%
	58岁及以上	5	1.2%
受教育程度	初中及以下	8	1.7%
	大专	87	18.9%
	本科	272	59.1%
	硕士	63	13.7%
	博士	30	6.5%

续表

统计量	分类	频数	百分比
月收入（RMB）	低于5000元	123	26.7%
	5001~10000元	138	30%
	10001~15000元	171	37.2%
	15001元及以上	28	6.1%
旅伴	独自出游	60	13%
	家人	185	40.2%
	朋友	199	43.3%
	同事	16	3.5%

数据来源：本研究整理（N=460）。

结果表明，本次调研的受访人群中，一半以上（55.7%）是女性，很大一部分（74.7%）在18~37岁之间，这和 Au 和 Law（2002）的研究结果接近：女性更喜欢品尝当地的、未知的食物，且年轻人好奇心更强，更喜欢品尝未知的食物。接近80%的受访者受过本科或以上学历的教育。在 Au 和 Law（2002）的研究中指出，受教育水平高的游客更喜欢通过品尝与自身文化不一样的食物来了解当地文化。超过一半的游客（67.2%）处于月收入5001~15000元中间层次的两个群组之中。而关于同行的旅伴类型，超过80%的游客是与家人或朋友出行，其中，43.3%的受访者与朋友同行，与家人同行占比40.2%。

第二节　信度分析

Anderson 和 Gerbing（1988）建议，在进行结构方程模型（Structural Equation Model，SEM）分析时，应依序进行测量模型分析（Measurement Model Analysis）和结构模型分析（Structural Model Analysis）。其中，测量模

型分析分为信度分析和效度分析。

本研究对所收集到的样本进行信度分析。信度分析（Reliability Analysis）又称为可信度分析，验证样本数据是否具有一致性和稳定性。本研究采用Cronbach's Alpha 值来检验研究变数在各个测量题项上的一致性程度。一般认为变量要有良好的信度则 Cronbach's Alpha 系数须大于0.7。在检验标准中，Cronbach's Alpha 值的取值范围为0~1，数值越接近1，则代表信度越高；0.7为可接受信度；达到 0.9 则表示题项内部的信度较好，具有非常高的可信度。（Heale and Twycross，2015）

表5.2 结构模型 Cronbach's Alpha 值分析结果

研究变量	Cronbach's Alpha
新引起的恐惧	0.888
感官不适引起的恐惧	0.902
加工方式不适引起的恐惧	0.847
感知潜在风险引起的恐惧	0.856
禁忌引起的恐惧	0.862
动机	0.965
目的地品牌形象	0.837
目的地品牌知名度	0.888
目的地品牌感知质量	0.877
整体目的地品牌资产	0.825
目的地品牌忠诚	0.807

数据来源：本研究整理（N=460）。

如表5.2所示，食物恐惧中由新引起的恐惧之 Cronbach's Alpha 值为0.888，感官不适引起的恐惧之 Cronbach's Alpha 值为0.902，加工方式不适引起的恐惧之 Cronbach's Alpha 值为0.847，感知潜在风险引起的恐惧之 Cronbach's Alpha 值为0.856，禁忌引起的恐惧之 Cronbach's Alpha 值为0.862，动机的

Cronbach's Alpha 值为 0.965，目的地品牌形象的 Cronbach's Alpha 值为 0.837，目的地品牌知名度的 Cronbach's Alpha 值为 0.888，目的地品牌感知质量的 Cronbach's Alpha 值为 0.877，整体目的地品牌资产的 Cronbach's Alpha 值为 0.825，目的地品牌忠诚的 Cronbach's Alpha 值为 0.807。综上可知，本研究各个变数的 Cronbach's Alpha 值均大于 0.7，表明各个变量中存在内部一致性，具有可接受的信度。

第三节　效度分析

效度分析（Validity Analysis）即有效性分析，指收集到的样本数据所能反映出研究变量的程度，两者数据越接近，则效度越高；反之，则效度越低。本研究通过考察收敛效度（Convergent Validity）和判别效度（Discriminant Validity）来对样本进行效度分析。其中，收敛效度又称为聚合效度，指具备相同内涵的题项会集中在同一构面下，也就是判断同一构面下题项间是否具有较高的相关性。而判别效度又称为区别效度，指不同构面所代表的不同内容，所测量的研究变量间具有足够的区别度。

本研究通过对标准化因素负荷量（Factor Loading）、组合信度（Composite Reliability，CR）和平均提取方差（Average Variance Extracted，AVE）三个指标来测量模型的收敛效度。其中，标准化因素负荷量代表着题项是否具有统计显著性，建议大于 0.7（Diamantopoulos，Siguaw，and Siguaw，2000）；组合信度 CR 值表示同意构面的内部一致性，CR 值越高，则一致性越高，0.7 为可接受参考值（Fornell and Larcker，1981）。平均提取方差 AVE 是指各题项对该构面的变异解释力，建议大于 0.5，平均提取方差 AVE 越大则题项对构面的变异解释力越强。（Hair et al.，2010）

表5.3 结构模型收敛效度检验结果

维度	题项	标准因素负荷量	组合信度（CR）	平均提取方差（AVE）
新引起的恐惧 Food Neophobia	FN1	0.918	0.931	0.818
	FN2	0.923		
	FN3	0.871		
感官不适 引起的恐惧 Sensory Discomfort induced Food Phobia	SD1	0.800	0.923	0.630
	SD2	0.763		
	SD3	0.742		
	SD4	0.840		
	SD5	0.840		
	SD6	0.772		
	SD7	0.795		
加工方式不适 引起的恐惧 Improper Processing Methods induced Food Phobia	IPM1	0.750	0.891	0.620
	IPM2	0.798		
	IPM3	0.796		
	IPM4	0.800		
	IPM5	0.790		
感知潜在风险 引起的恐惧 Perceived Potential Risks induced Food Phobia	PPR1	0.924	0.913	0.778
	PPR2	0.851		
	PPR3	0.868		

续表

维度	题项	标准因素负荷量	组合信度（CR）	平均提取方差（AVE）
禁忌引起的恐惧 Taboos induced Food Phobia	T1	0.873	0.916	0.784
	T2	0.878		
	T3	0.904		
动机 Motivation	M1	0.931	0.969	0.661
	M2	0.920		
	M3	0.721		
	M4	0.813		
	M5	0.839		
	M6	0.801		
	M7	0.833		
	M8	0.801		
	M9	0.797		
	M10	0.827		
	M11	0.793		
	M12	0.730		
	M13	0.719		
	M14	0.721		
	M15	0.941		
	M16	0.770		

维度	题项	标准因素负荷量	组合信度（CR）	平均提取方差（AVE）
整体目的地品牌资产 Overall Destination Brand Equity	ODBE1	0.925	0.920	0.851
	ODBE2	0.920		
目的地品牌形象 Destination Brand Image	DBI1	0.881	0.902	0.755
	DBI2	0.846		
	DBI3	0.879		
目的地品牌忠诚 Destination Brand Loyalty	DBL1	0.915	0.912	0.838
	DBL2	0.916		
目的地品牌知名度 Destination Brand Awareness	DBA1	0.847	0.923	0.750
	DBA2	0.897		
	DBA3	0.897		
	DBA4	0.820		
目的地品牌感知质量 Destination Brand Perceived Quality	DBQ1	0.837	0.916	0.731
	DBQ2	0.861		
	DBQ3	0.846		
	DBQ4	0.876		

数据来源：本研究整理。

具体计算结果如表5.3所示，食物恐惧中由新引起的恐惧（Food Neophobia）的3道题项的标准因素负荷量均大于0.7，CR值为0.931，AVE为0.818；由感官不适引起的恐惧（Sensory Discomfort induced Food Phobia）的7道题项的标准因素负荷量均大于0.7，CR值为0.923，AVE为0.630；由加工方式不适引起的恐惧（Improper Processing Methods induced Food Phobia）的5道题项的标准因素负荷量均大于0.7，CR值为0.891，AVE为0.620；由感知潜在风险引起的恐惧（Perceived Potential Risks induced Food Phobia）的3道题项的标准因素负荷量均大于0.7，CR值为0.913，AVE为0.778；由禁忌引起的恐惧（Taboos induced Food Phobia）的3道题项的标准负荷量均大于0.7，CR值为0.916，AVE为0.784；16道关于动机（Motivation）题项的标准因素负荷量均大于0.7，CR值为0.969，AVE为0.661；整体目的地品牌资产（Overall Destination Brand Equity）2道题项的标准因素负荷量均大于0.7，CR值为0.920，AVE为0.851；目的地品牌形象（Destination Brand Image）3道题项的标准因素负荷量均大于0.7，CR值为0.902，AVE为0.755；目的地品牌忠诚（Destination Brand Loyalty）2道题项的标准因素负荷量均大于0.7，CR值为0.912，AVE为0.838；目的地品牌知名度（Destination Brand Awareness）4个题项的标准因素负荷量均大于0.7，CR值为0.923，AVE为0.750；目的地品牌感知质量（Destination Brand Perceived Quality）4个题项的标准因素负荷量均大于0.7，CR值为0.916，AVE为0.731。综上可知，本研究各个维度的标准化因素负荷量均大于0.7，CR值均大于0.7，AVE值均大于0.5，表明各个维度具有良好的收敛效度。

本研究运用HTMT进行区别效度的检验。Kline（2011）认为HTMT小于0.85，则说明测量模型中各研究变量之间具有良好的区别效度，HTMT数值都小于0.85，表明本研究模型具有较好的区别效度。具体的计算结果如表5.4所示。

表5.4 结构模型区别效度检验结果（HTMT）

	加工方式不适引起的恐惧	动机	感官不适引起的恐惧	感知潜在风险引起的恐惧	整体目的地品牌资产	新引起的恐惧	禁忌引起的恐惧	目的地品牌形象	目的地品牌忠诚	目的地品牌感知质量	目的地品牌知名度	目的地满意度
加工方式不适引起的恐惧												
动机	0.570											
感官不适引起的恐惧	0.509	0.649										
感知潜在风险引起的恐惧	0.383	0.531	0.405									
整体目的地品牌资产	0.315	0.641	0.407	0.343								
新引起的恐惧	0.381	0.707	0.530	0.451	0.405							
禁忌引起的恐惧	0.332	0.560	0.400	0.564	0.303	0.476						
目的地品牌形象	0.343	0.752	0.459	0.365	0.725	0.554	0.364					
目的地品牌忠诚	0.345	0.664	0.357	0.338	0.787	0.458	0.260	0.762				
目的地品牌感知质量	0.457	0.763	0.452	0.400	0.593	0.508	0.358	0.579	0.574			
目的地品牌知名度	0.362	0.724	0.468	0.469	0.632	0.567	0.421	0.687	0.689	0.502		
目的地满意度	0.380	0.681	0.420	0.438	0.685	0.490	0.363	0.761	0.715	0.624	0.705	

数据来源：本研究整理。

155

第四节　结构模型分析

本研究使用SmartPLS 3.0统计分析软件，采用偏最小二乘法（Partial Least Squares，简称PLS）对收集回来的数据进行结构方程模型检验。偏最小二乘法属于多元统计资料分析方法，它通过最小化误差的平方找到一组数据最佳函数匹配，能够将多因变量对多自变量进行回归建模，在PLS分析中，结构模型的检验包括路径系数估计和R^2的值。路径系数反映了潜在变量之间影响的方向和影响的程度。R^2值反映了结构模型中，内生潜变量能被外生潜变量解释的程度，也反映了模型的解释能力。在本章所构建的理论模型中，为了验证本研究所提出的模型及假设，本研究使用可视化的SmartPLS 3.0来进行PLS分析，并用Bootstrapping抽样方法计算所构建模型中路径系数的显著性。

本研究为一阶模型假设。根据前文的研究发现，新引起的恐惧、感官不适引起的恐惧、加工方式引起的恐惧、感知潜在风险引起的恐惧和禁忌引起的恐惧为食物恐惧的5个组成维度。本研究模型由5个食物恐惧的维度与动机、目的地品牌知名度、目的地品牌形象、目的地品牌感知质量、目的地品牌忠诚、整体目的地品牌资产和目的地满意度间的关系构成。

首先，对模型的解释度R^2和预测相关性Q^2进行检验。解释度（Coefficient of Determination，R^2）指的是回归平方和与总离差平方和的比值，取值范围为0~1（Nagelkerke，1991）。当R^2越接近1，模型拟合度越好，结构模型就具有较高的解释度；反之，当R^2越接近0，结构模型的解释度就越差（Chin and Marcoulides，1998）；0.25为弱度的临界值，0.5为中度，0.75为大幅度（Hair，Ringle，and Sarstedt，2011）。预测相关性Q^2是检验模型样本间预测能力的指标，验证构面交叉的重叠性。当Q^2值大于0则表明模型对某一内源性构面具有预测意义。（Hair，Ringle，and Sarstedt，2011）

表5.5　结构模型 R^2 和 Q^2 的检验结果

变数	R^2	Q^2
动机	0.628	0.409
整体目的地品牌资产	0.535	0.449
目的地品牌形象	0.496	0.363
目的地品牌忠诚	0.502	0.410
目的地品牌知名度	0.483	0.346
目的地品牌感知质量	0.539	0.382
目的地满意度	0.563	0.557

数据来源：本研究整理。

从表5.5可知，动机的 R^2 为0.628，表示可以被解释变异62.8%；整体目的地品牌资产的 R^2 为0.535，表示可以被解释变异53.5%；目的地品牌形象的 R^2 为0.496，表示可以被解释变异49.6%；目的地品牌忠诚的 R^2 为0.502，表示可以被解释变异50.2%；目的地品牌知名度的 R^2 为0.483，表示可以被解释变异48.3%；目的地品牌质量的 R^2 为0.539，表示可以被解释变异53.9%；目的地满意度的 R^2 为0.563，表示可以被解释变异56.3%。所有变量的 R^2 均大于最低临界值的标准，且各个变量的 Q^2 均大于0，表明模型具有良好的解释能力和预测能力。

本研究通过 SmartPLS 3.0 中的 Bootstrapping 统计程序把收集到的460份样本以5000次重复运算，对本研究的假设理论模型进行路径分析，以验证假设是否成立。通过路径系数（Original Sample，β）、T 值（T Statistics，界比率）和 P 值（P-Value，显著水平）三个指标对假设是否成立进行验证，具体结果见表5.6。模型运行路径图如图5.1所示。

表5.6　结构模型路径分析结果

假设	路径	路径系数（β）	STDEV	T 值	P-Value	结果
H1	新引起的食物恐惧 ==> 动机	−0.358	0.043	8.375	***（0.000）	成立
H2	感官不适引起的食物恐惧 ==> 动机	−0.249	0.037	6.659	***（0.000）	成立
H3	加工方式不适引起的食物恐惧 ==> 动机	−0.205	0.038	5.356	***（0.000）	成立
H4	感知潜在风险引起的食物恐惧 ==> 动机	−0.104	0.038	2.767	**（0.006）	成立
H5	食物禁忌引起的食物恐惧 ==> 动机	−0.169	0.042	4.048	***（0.000）	成立
H6	动机 ==> 目的地品牌知名度	0.670	0.029	22.852	***（0.000）	成立
H7	动机 ==> 目的地品牌形象	0.675	0.033	20.243	***（0.000）	成立
H8	动机 ==> 目的地品牌感知质量	0.701	0.036	19.698	***（0.000）	成立
H9	目的地品牌知名度 ==> 目的地品牌忠诚	0.289	0.041	7.005	***（0.000）	成立
H10	目的地品牌知名度 ==> 整体目的地品牌资产	0.133	0.047	2.854	**（0.004）	成立
H11	目的地品牌知名度 ==> 目的地满意度	0.331	0.032	10.203	***（0.000）	成立
H12	目的地品牌形象 ==> 目的地品牌忠诚	0.371	0.04	9.346	***（0.000）	成立
H13	目的地品牌形象 ==> 整体目的地品牌资产	0.225	0.046	4.927	***（0.000）	成立
H14	目的地品牌形象 ==> 目的地满意度	0.374	0.034	11.113	***（0.000）	成立
H15	目的地品牌感知质量 ==> 目的地品牌忠诚	0.170	0.040	4.212	***（0.000）	成立
H16	目的地品牌感知质量 ==> 整体目的地品牌资产	0.170	0.048	3.510	***（0.000）	成立

续表

假设	路径	路径系数（β）	STDEV	T值	P-Value	结果
H17	目的地品牌感知质量 ==> 目的地满意度	0.252	0.034	7.346	***（0.000）	成立
H18	目的地品牌忠诚 ==> 整体目的地品牌资产	0.342	0.065	5.258	***（0.000）	成立

注：***p＜0.001，**p＜0.01，*p＜0.05。数据来源：本研究整理。

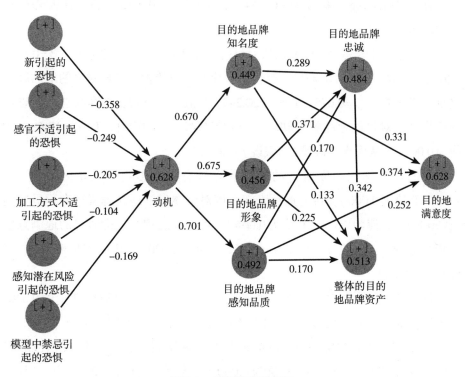

图5.1　模型运行路径图

（数据来源：本研究整理）

由新引起的食物恐惧显著影响动机（β=−0.358，T值为8.375，P值为0.000）、由感官不适引起的食物恐惧显著影响动机（β=−0.249，T值为6.659，P值为0.000）、由加工方式不适引起的食物恐惧显著影响动机（β=−0.205，

T 值为5.356，P 值为0.000）、由感知潜在风险引起的食物恐惧影响动机（β=–0.104，T 值为2.767，P 值为0.006）、由食物禁忌引起的食物恐惧影响动机（β=–0.169，T 值为4.048，P 值为0.000），从而支持假设1、假设2、假设3、假设4和假设5。其中，食物恐惧的5个恐惧维度对游客品尝让人恐惧的食物动机影响均呈现负向的影响关系，游客所感知到的食物恐惧越高，品尝的动机则越小。由新引起的食物恐惧的路径系数为–0.358，在5个维度中对游客品尝让人恐惧的食物动机影响最大；而由感知潜在风险引起的食物恐惧的路径系数为–0.104，在5个维度中对游客品尝让人恐惧的食物动机影响最小。

游客品尝让人恐惧的食物动机对目的地品牌知名度有积极影响（β=0.670，T 值为22.852，P 值为0.000）、游客品尝让人恐惧的食物动机对目的地品牌形象有积极影响（β=0.675，T 值为20.243，P 值为0.000）、游客品尝让人恐惧的食物动机对目的地品牌感知质量有积极影响（β=0.701，T 值为19.698，P 值为0.000），从而支持假设6、假设7和假设8。

目的地品牌知名度对目的地品牌忠诚有积极影响（β=0.289，T 值为7.005，P 值为0.000）、目的地品牌知名度对整体目的地品牌资产有积极影响（β=0.133，T 值为2.854，P 值为0.004）、目的地品牌知名度对目的地满意度有积极影响（β=0.331，T 值为10.203，P 值为0.000），从而支持假设9、假设10和假设11。

目的地品牌形象对目的地品牌忠诚有积极影响（β=0.371，T 值为9.346，P 值为0.000）、目的地品牌形象对整体目的地品牌资产有积极影响（β=0.225，T 值为4.927，P 值为0.000）、目的地品牌形象对目的地满意度有积极影响（β=0.374，T 值为11.113，P 值为0.000），从而支持假设12、假设13和假设14。

目的地品牌感知质量对目的地品牌忠诚有积极影响（β=0.170，T 值为4.212，P 值为0.000）、目的地品牌感知质量对整体目的地品牌资产有积极影响（β=0.170，T 值为3.510，P 值为0.000）、目的地品牌感知质量对目的地满意度有积极影响（β=0.252，T 值为7.346，P 值为0.000），从而支持假设15、假设16和假设17。

目的地品牌忠诚对整体目的地品牌资产有积极影响（β=0.342，T值为5.258，P值为0.000），从而支持假设18。

综上所述，本研究提出的18个假设均得到数据模型支持。其中，食物恐惧的5个维度（由新引起的美食恐惧、由感官不适引起的食物恐惧、由加工方式不适引起的食物恐惧、由感知潜在风险引起的食物恐惧以及由食物禁忌引起的食物恐惧）对游客品尝恐惧食物的作用均呈现负向显著作用，其他13个假设均呈现正向显著作用。本研究将假设验证情况整理至表5.7。

表5.7 研究假设验证结果

假设	路径	结果
H1	新引起的食物恐惧 ==> 动机	成立
H2	感官不适引起的食物恐惧 ==> 动机	成立
H3	加工方式不适引起的食物恐惧 ==> 动机	成立
H4	感知潜在风险引起的食物恐惧 ==> 动机	成立
H5	食物禁忌引起的食物恐惧 ==> 动机	成立
H6	动机 ==> 目的地品牌知名度	成立
H7	动机 ==> 目的地品牌形象	成立
H8	动机 ==> 目的地品牌感知质量	成立
H9	目的地品牌知名度 ==> 目的地品牌忠诚	成立
H10	目的地品牌知名度 ==> 整体目的地品牌资产	成立
H11	目的地品牌知名度 ==> 目的地满意度	成立
H12	目的地品牌形象 ==> 目的地品牌忠诚	成立
H13	目的地品牌形象 ==> 整体目的地品牌资产	成立
H14	目的地品牌形象 ==> 目的地满意度	成立
H15	目的地品牌感知质量 ==> 目的地品牌忠诚	成立

假设	路径	结果
H16	目的地品牌感知质量 ==> 整体目的地品牌资产	成立
H17	目的地品牌感知质量 ==> 目的地满意度	成立
H18	目的地品牌忠诚 ==> 整体目的地品牌资产	成立

数据来源：本研究整理。

第六章

研究结论与建议

本研究以品尝了让人恐惧的食物的游客为研究对象，探讨了食物恐惧与美食旅游目的地品牌资产之间的关系。首先，通过文献梳理，发展了食物恐惧的量表。其次，探讨了食物恐惧、动机与目的地品牌资产、目的地满意度之间的关系。最后，根据文献分析和问卷资料，总结本书的最终研究结果，并提出可行性建议。同时，指出本研究中存在的不足与局限，并对后续研究进行展望。

第一节　研究结论

一、人口统计特征

通过调查分析，可以看出，去云南旅游的游客男女比例大体差不多，女性稍微多一些，说明云南对于女性的吸引力稍大于男性。在年龄的分布上，主要集中在18~37岁之间，以中青年居多。月收入集中在5001~15000元之间，收入在150001元及以上的极少，只有28人，占比6.1%。从受教育的程度上看，本科及以上的占比接近80%，均为具有较高文化水平的群体。因为拥有较高文化水平的游客学习的动机更加强烈，这也和 Siegrist 等人 [①]，Au 和 Law [②]的研究结果一致：受教育程度高的游客更喜欢通过品尝当地食物来了解当地文化，受教育程度和食物恐新症呈负相关。而在旅游伙伴的选项中，与家人和朋友出游的比例最高，达到 83% 以上，说明去云南旅游的游客以结伴旅游居多。

二、食物恐惧的测量量表

本研究通过第二章文献综述回顾已有研究现状，结合第四章的量表开发，最终得出了食物恐惧的测量量表，包括了"新引起的恐惧""感官不适引起的恐惧""加工方式不适引起的恐惧""感知潜在风险引起的恐惧""禁忌引起的恐惧"5 个维度，一共 21 个题项。如表 6.1 所示。

表6.1　食物恐惧测量量表最终题项

食物恐惧测量量表
新引起的恐惧 不知道来源的食物，让我感到恐惧 食物里的未知成分，让我感到恐惧 看起来奇怪的食物，让我感到恐惧
感官不适引起的恐惧 那些口感质地奇怪的食物（如脆、糊或非常有嚼劲的食物），让我感到恐惧 那些看起来或者口感黏滑的食物（如秋葵、牡蛎、软煮蛋或煎蛋），让我感到恐惧 汤汁或酱料里含有"块状"食材的食物（如带有碎片的酱汁），即使它们应该是这样的，也让我感到恐惧 那些里面包有"东西"的食物（如里面有葡萄干的饼干、里面有坚果的布朗尼蛋糕），让我感到恐惧 带有酱汁的食物（如西红柿酱的意大利面、肉汁的火鸡），让我感到恐惧 浓黑咖啡、辣椒等有强烈气味的食物，让我感到恐惧 外形奇怪的食物（如体型庞大），让我感到恐惧

---

① SIEGRIST M，HARTMANN C，KELLER C. Antecedents of food neophobia and its association with eating behavior and food choices［J］. Food quality and preference，2013，30（2）：293-298.

② AU N，LAW R. Categorical classification of tourism dining［J］. Annals of tourism research，2002，29（3）：819-833.

续表

食物恐惧测量量表
加工方式不适引起的恐惧 动物的特定部位（如软骨、内脏、头），让我感到恐惧 生的食物，让我感到恐惧 未煮熟的食物（如里面带血的扒类），让我感到恐惧 整只烹制的动物（如烤架上的一整头猪），让我感到恐惧 过于逼真的象形食物，让我感到恐惧
感知潜在风险引起的恐惧 个人卫生很差劲的厨师做出来的食物，让我感到恐惧 有异物（如头发）的食物，让我感到恐惧 食品添加剂大量使用的食物，让我感到恐惧
禁忌引起的恐惧 民族禁忌的食物，让我感到恐惧 文化中有禁忌的食物，让我感到恐惧 宗教信仰中禁忌的食物，让我感到恐惧

资料来源：本研究整理。

（一）新引起的恐惧

在已有的研究中，食物恐新症反映了人类不喜欢或怀疑新的、陌生的食物的本能倾向，反映了人们的一种自我保护意识。[1] "不愿吃或避免吃新食物"[2]、"拒绝任何未知食物的行为"[3]。Cohen 和 Avieli[4] 认为异国的"土生菜""正

---

[1]　MARTINS Y, PLINER P. "Ugh! That's disgusting!": identification of the characteristics of foods underlying rejections based on disgust [J]. Appetite, 2006, 46（1）: 75-85; KNAAPILA A, TUORILA H, SILVENTOINEN K, et al. Food neophobia shows heritable variation in humans [J]. Physiology & behavior, 2007, 91（5）: 573-578; DOVEY T M, STAPLES P A, GIBSON E L, et al. Food neophobia and "picky/fussy" eating in children: a review [J]. Appetite, 2008, 50（2）: 81-193.

[2]　FISCHLER, CLAUDE. Food, self and identity [J]. Social science information, 1988, 27: 275-293; PLINER P, HOBDEN K. Development of a scale to measure the trait of food neophobia in humans [J]. Appetite, 1992, 19（2）: 105-120.

[3]　DIMITROVSKI D, CRESPI-VALLBONA M. Role of food neophilia in food market tourists' motivational construct: the case of La Boqueria in Barcelona, Spain [J]. Journal of travel & tourism marketing, 2017, 34（4）: 475-487.

[4]　COHEN E, AVIELI N. Food in tourism: attraction and impediment [J]. Annals of tourism research, 2004, 31: 755-778.

宗菜肴"对游客而言不是"吸引"而是"障碍",游客由于不熟悉当地食物的原料而不愿意品尝当地食物。

已有的食物恐新量表中,"我不相信新的食物""如果我不知道食物里有什么,我不会尝试""民族的食物看起来太奇怪了,不能吃""我害怕吃那些我以前从来没有吃过的东西"[1],充分反映了人们对陌生食物、不熟悉原料的食物的恐惧。在本研究中,"新引起的恐惧"被验证是食物恐惧量表的维度之一,包括了"不知道来源的食物,让我感到恐惧""食物里的未知成分,让我感到恐惧""看起来奇怪的食物,让我感到恐惧"3个测量项。

（二）感官不适引起的恐惧

吃是一种生理需要,感官上的满足——触觉、嗅觉、味觉、听觉、视觉很关键。食物恐惧症是由食物的气味、味道和质地等感官因素驱动的。[2]人们天生抗拒苦味,因为它会刺激口腔。颜色、味道、气味和质地被认为与食物厌恶有很大的关系。[3]有些物品被拒绝或接受,主要是因为口腔中感官效果的愉悦程度,或它们的气味和外观。[4]

恐惧不仅是由物理性质引起的,如质地、颜色等,也可能是由此所产生的一些联想和想象而引起的。[5]Martins 和 Pliner[6]总结了食物中可能会让人感觉到恶心的12个特征:食物提醒人们动物的生活程度、血液、内脏、内脏以外的器官、身体部位、脂肪、腐败/腐烂、发霉、糊状/压扁、滑动、不健全的昆虫。

①　PLINER P, HOBDEN K. Development of a scale to measure the trait of food neophobia in humans [J]. Appetite, 1992, 19 (2): 105–120.

②　WILDES J E, ZUCKER N L, MARCUS M D. Picky eating in adults: results of a web-based survey [J]. International journal of eating disorders, 2012, 45 (4): 575–582.

③　MARTINS Y, PLINER P. "Ugh! That's disgusting!": identification of the characteristics of foods underlying rejections based on disgust [J]. Appetite, 2006, 46 (1): 75–85.

④　ROZIN P, VOLLMECKE T A. Food likes and dislikes [J]. Annual review of nutrition, 1986, 6 (1): 433–456.

⑤　FOA E B, KOZAK M J. Emotional processing of fear: exposure to corrective information [J]. Psychological bulletin, 1986, 99 (1): 20–35.

⑥　MARTINS Y, PLINER P. "Ugh! That's disgusting!": identification of the characteristics of foods underlying rejections based on disgust [J]. Appetite, 2006, 46 (1): 75–85.

在本研究中，感官不适引起的恐惧包括了"那些口感质地奇怪的食物（如脆、糊或非常有嚼劲的食物），让我感到恐惧""那些看起来或者口感黏滑的食物（如秋葵、牡蛎、软煮蛋或煎蛋），让我感到恐惧""汤汁或酱料里含有'块状'食材的食物（如带有碎片的酱汁），即使它们应该是这样的，也让我感到恐惧""那些里面包有'东西'的食物（如里面有葡萄干的饼干、里面有坚果的布朗尼蛋糕），让我感到恐惧""带有酱汁的食物（如西红柿酱的意大利面，肉汁的火鸡），让我感到恐惧""浓黑咖啡、辣椒等有强烈气味的食物，让我感到恐惧""外形奇怪的食物（如体型庞大），让我感到恐惧"这7个测量题项。

（三）加工方式不适引起的恐惧

动物的头部和内脏比通常食用的身体部位更能突出地提醒人们食物的来源，这使得后者比前者更容易被接受为食物来源，[①] 所以，肉类的烹调和食用方式通常是为了掩盖其动物来源（例如，将其切成小块，无法辨认或去除骨头）。[②] 西方消费者更能接受将昆虫作为食物原料加入熟悉的产品，而不是将昆虫作为一种独立食物来呈现，因为他们是动物，被加工成的昆虫食物会让他们想起动物的来源，产生恶心和恐惧心理。[③] 动物的黏液和血液等部位的肉质和糊状，这些特征已被认为会引起人类的厌恶。[④] 动物的头和脚在提醒参加者注意肉类的动物性质，如兔头，这会让游客感觉到恐惧。生的食物往往伤害肠胃，很容易致病，所以很多人都恐惧吃生的食物，如生鱼片。Hartmann和Siegrist [⑤] 开发的食物厌恶量表中指出"烤架上一整头猪""生食""带血的

---

① MARTINS Y, PLINER P. "Ugh! That's disgusting!": identification of the characteristics of foods underlying rejections based on disgust[J]. Appetite, 2006, 46 (1): 75-85.

② MARTINS Y, PLINER P. "Ugh! That's disgusting!": identification of the characteristics of foods underlying rejections based on disgust[J]. Appetite, 2006, 46 (1): 75-85.

③ HARTMANN C, SHI J, GIUSTO A, et al. The psychology of eating insects: A cross-cultural comparison between germany and China[J]. Food quality and preference, 2015, 44: 148-156; ALI A E. A semiotic approach to entomophagy the language, localization, and eimagining of insects as food stuffs in America[J]. Perspective of global development technology, 2016, 15: 391-405.

④ ROZIN P, FALLON A E. A perspective on disgust[J]. Psychological review, 1987, 94 (1): 23.

⑤ HARTMANN C, SIEGRIST M. Development and validation of the food disgust scale[J]. Food quality and preference, 2018, 63: 38-50.

牛排"会让人感觉到恶心、厌恶。

在本研究中，该维度包括了"动物的特定部位（如软骨、内脏、头），让我感到恐惧""生的食物，让我感到恐惧""未煮熟的食物（如里面带血的扒类），让我感到恐惧""整只烹制的动物（如烤架上的一整头猪），让我感到恐惧""过于逼真的象形食物，让我感到恐惧"这5个测量题项。

（四）感知潜在风险引起的恐惧

在食品技术创新上，消费者感知到了安全风险和不确定性，继而表现出对技术的恐惧。风险和不确定性是影响消费者态度的重要因素，当人们感知到食物存在安全风险时，就会产生恐惧。Mak 和 Chang[1] 发现，游客的食物恐惧症与"健康关注""体重维持"以及担心有害的或者不恰当的食物原料有关。人们对于特定食物成分的恐惧也是存在的，如糖、脂肪、钠、高果糖玉米糖浆、单谷氨酸钠、瘦肉精、苯甲酸钠和其他。[2] 人类往往担心食物存在的潜在风险，如细菌致病等原因，或者因怕食物中毒而惧怕食物。在对外出消费者进行的调查中，大部分的美国人担心食品添加剂会造成健康风险，60% 的消费者担心餐饮企业滥用了食物添加剂，而对外出就餐产生恐惧。（皮尤研究中心，2018）Hartmann 和 Siegrist[3] 开发的食物厌恶量表中，指出差的卫生环境会让人感到厌恶，如"由头发油腻、指甲脏兮兮的厨师准备的饭菜""受伤厨师做的菜肴""汤里有另一个人的头发"。

在本研究中，该维度包括了"个人卫生很差劲的厨师做出来的食物，让我感到恐惧""有异物（如头发）的食物，让我感到恐惧""食品添加剂大量使用的食物，让我感到恐惧"这3个测量题项。

（五）禁忌引起的恐惧

食物禁忌是人们为了避免某种臆想的超自然力量或危险食物所带来的灾

① MAK A H, LUMBERS M, EVES A, et al. An application of the repertory grid method and generalised procrustes analysis to investigate the motivational factors of tourist food consumption [J]. International journal of hospitality management, 2013, 35: 327–338.

② WANSINK B, TAL A, BRUMBERG A. Ingredient-based food fears and avoidance: antecedents and antidotes [J]. Food quality and preference, 2014, 38: 40–48.

③ HARTMANN C, SIEGRIST M. Development and validation of the food disgust scale [J]. Food quality and preference, 2018, 63: 38–50.

祸，从而对某种人、物、言、行的限制或自我回避。① 不同的民族会有巩固和区分民族身份的食物子集，并嘲笑非族群内。（Pyke，1968）我们可能会因为文化认知（道德、宗教或情感）而认为某些菜肴不适合人类食用。对大多数人来说，食用动物的这一部分是一种不熟悉的体验，也可能会引起与食物禁忌的联想，吃动物的头提醒我们这样一个事实，即动物被杀死是为了作为人类的食物。② 对西方人来说，食用某些驯养的宠物是一种文化食物禁忌。③ 民族、文化和宗教信仰中的食物禁忌，④ 也会让人们对此类食物回避。⑤ 食物禁忌具有场域性，在场域下生活的人们必须恪守，从而产生一种习惯，也就是一种文化。在局外人看来"忌讳是思想的牢笼、行动的枷锁、自由的障碍"⑥，它让人们惧怕禁忌的食物，不敢逾越。

在本研究中，该维度包括了"民族禁忌的食物，让我感到恐惧""文化中有禁忌的食物，让我感到恐惧""宗教信仰中禁忌的食物，让我感到恐惧"这3个测量题项。

三、研究假设

本研究通过第二章的文献综述，回顾已有的研究现状，选取动机、目的地品牌资产和目的地满意度的测量量表，结合以上研究得到的食物恐惧的测量量表，最终得到本案例研究的调查题项。通过使用统计软件 SPSS 25.0 和 SmartPLS 3.0 对案例调研样本数据进行第五章的结构方程模型的分析，结合信度分析、验证性因素分析和路径分析的结果，将研究假设验证结果归纳总结，如表6.2所示。

---

① 李续鉴.民间禁忌与惰性心理[M].北京：科学出版社，1989.

② BEARDSWORTH A，KEIL T. Sociology on the Menu：an invitation to the study of food and society [M]. London：Routledge，1997.

③ GYIMÓTHY S，MYKLETUN R J. Scary food：commodifying culinary heritage as meal adventures in tourism[J]. Journal of vacation marketing，2009，15（3）：259–273.

④ 切排，王兰.藏族食物禁忌的人类学解读[J].西藏大学学报（社会科学版），2013，28（1）：179–184.

⑤ 李续鉴.民间禁忌与惰性心理[M].北京：科学出版社，1989.

⑥ 赵慧平.忌讳[M].沈阳：辽宁人民出版社，1990.

表6.2　假设检验结果表

研究假设	检验结果
H1 在美食旅游中，新引起的食物恐惧会对游客品尝让人恐惧的食物动机产生消极影响	成立
H2 在美食旅游中，感官不适引起的食物恐惧会对游客品尝让人恐惧的食物动机产生消极影响	成立
H3 在美食旅游中，加工方式不适引起的食物恐惧会对游客品尝让人恐惧的食物动机产生消极影响	成立
H4 在美食旅游中，感知潜在风险引起的食物恐惧会对游客品尝让人恐惧的食物动机产生消极影响	成立
H5 在美食旅游中，食物禁忌引起的食物恐惧会对游客品尝让人恐惧的食物动机产生消极影响	成立
H6 在美食旅游中，游客品尝让人恐惧的食物动机对目的地品牌知名度有积极影响	成立
H7 在美食旅游中，游客品尝让人恐惧的食物动机对目的地品牌形象有积极影响	成立
H8 在美食旅游中，游客品尝让人恐惧的食物动机对目的地品牌感知质量有积极影响	成立
H9 在美食旅游中，目的地品牌知名度对目的地品牌忠诚有积极影响	成立
H10 在美食旅游中，目的地品牌知名度对整体目的地品牌资产有积极影响	成立
H11 在美食旅游中，目的地品牌知名度对目的地满意度有积极影响	成立
H12 在美食旅游中，目的地品牌形象对目的地品牌忠诚有积极影响	成立
H13 在美食旅游中，目的地品牌形象对整体目的地品牌资产有积极影响	成立
H14 在美食旅游中，目的地品牌形象对目的地满意度有积极影响	成立
H15 在美食旅游中，目的地品牌感知质量对目的地品牌忠诚有积极影响	成立
H16 在美食旅游中，目的地品牌感知质量对整体目的地品牌资产有积极影响	成立
H17 在美食旅游中，目的地品牌感知质量对目的地满意度有积极影响	成立
H18 在美食旅游中，目的地品牌忠诚对整体目的地品牌资产有积极影响	成立

资料来源：本研究整理。

由表6.2可知，在本研究中，18个假设均成立，有积极影响，也有消极影响。本研究模型以食物恐惧的5个维度为测量框架，探讨了其对动机的影响，以及游客品尝让人恐惧的食物的动机与目的地品牌资产之间的关系。围绕研究问题，经过案例实证、数据检验和资料分析结果，最终发现如下结论。

此次研究模型表明，游客的食物恐惧对其品尝让人恐惧的食物动机产生消极影响，游客品尝当地食物的动机对目的地品牌资产有积极影响。目的地品牌资产内部各维度之间的关系也得以验证：目的地品牌知名度对目的地品牌忠诚、整体目的地品牌资产有积极影响；目的地品牌形象对目的地品牌忠诚、整体目的地品牌资产有积极影响；目的地品牌感知质量对目的地品牌忠诚、整体目的地品牌资产有积极影响。最后，目的地品牌资产与目的地满意度之间的积极影响关系也得到了验证。

（一）食物恐惧对游客品尝让人恐惧的食物动机有消极影响

路径分析的研究结果表明，食物恐惧各维度对游客品尝让人恐惧的食物动机存在负向的消极影响（路径系数分别为0.358、0.249、0.205、0.169、0.104），说明游客食物恐惧会降低游客品尝当地食物的动机。

食物恐惧各维度对动机的影响存在差异，影响最大的是"新引起的食物恐惧"，在以往的研究中，Telfer 和 Wall [①] 在印度尼西亚进行了一项研究，发现欧洲游客喜欢尝试不同的口味，而亚洲游客则倾向于吃他们当地的食物，求新者更喜欢品尝当地食物，对当地食物的评价也更高。食物恐新对消费当地食物的动机产生负面影响。（Akyuz，2019）本研究结果进一步肯定了新引起的食物恐惧是人们不愿意品尝让人恐惧的食物的主要原因之一。

在食物恐惧各维度对动机的影响中，第二位和第三位分别是"感官不适引起的食物恐惧"和"加工方式不适引起的恐惧"。在以往的研究中，已经证实了视觉上的不适会对消费行为产生影响。例如，如果看不见不熟悉的食物原料或者是将不熟悉的食物原料混入熟悉的食物原料中，消费者可能会更容

---

① TELFER D J，WALL G. Linkages between tourism and food production[J]. Annals of tourism Research，1996，23（3）：635–653.

易品尝该食物（Tan，①）。在本研究中，通过结构方程模型结合具体的案例进一步验证了感官不适和加工方式不适引起的食物恐惧对动机的影响。

在食物恐惧各维度对动机的影响中，第四位是"食物禁忌引起的食物恐惧"。已有研究证实：如果人们在文化上认为这种食物是不适当的，将不会品尝该食物（Tan et al.，②），说明禁忌对人们的消费行为是有影响的。但是在本研究中，食物禁忌的影响不是最大的，可能主要原因是人们能理解禁忌会引起恐惧，但是民族禁忌一般主要存在于少数民族，宗教禁忌也存在于有信仰的人们中，本研究的调查者可能不属于这两类群体。

在食物恐惧各维度对动机的影响中，第五位是"感知潜在的风险引起的恐惧"。在以往的研究中，Amuquandoh③ 在对戛纳的游客进行研究时指出，游客出于安全卫生的考虑，不会品尝当地的食物。欧盟消费者对转基因食品的恐惧比较高，62% 的消费者对转基因食品表示出"担心"。（Eurobarometer，2005）在本研究中，发现游客食物恐惧主要是由于食物不卫生和含有食品添加剂，这和以往的研究有所不同。

（二）动机对目的地品牌资产有积极的影响

根据 SEM 路径分析，游客品尝当地食物的动机与目的地品牌的知名度、目的地品牌形象和目的地品牌感知质量有显著的相关性，而且从路径系数可以看出来，动机与目的地品牌资产呈正相关。也就是说游客品尝当地食物的动机越强，对目的地品牌资产的感知就越高。本研究证实了美食旅游者品尝当地食物的求新、兴奋体验、学习知识和真实体验的动机会提高目的地品牌知名度、目的地品牌形象和目的地品牌感知质量。这和已有的学者研究是一

① TAN H S G, FISCHER A R, TINCHAN P, et al. Insects as food：exploring cultural exposure and individual experience as determinants of acceptance［J］. Food quality and preference，2015，42：78–89.

② TAN H S G, FISCHER A R, VAN TRIJP H C, et al. Tasty but nasty? Exploring the role of sensory-liking and food appropriateness in the willingness to eat unusual novel foods like insects［J］. Food quality and preference，2016，48：293–302.

③ AMUQUANDOH F. International tourists' concerns about traditional foods in Ghana［J］. Journal of hospitality and tourism management，2011，18（1）：1–9.

致的。如 Prebensen 等人 [1] 强调推动动机对目的地品牌感知质量有直接、积极和显著的影响。Mahatoo [2] 认为消费者对某一品牌的看法与其动机之间的联系越大，他们就可能越喜欢该品牌。Frias 等人 [3] 的研究表明了动机对目的地品牌资产评价有重要作用，动机是吸引游客到目的地的重要因素。

（三）目的地品牌资产各维度之间的关系

根据 SEM 路径分析，目的地品牌资产各维度之间存在显著的影响路径。目的地品牌资产是一个多维的概念，包括了目的地品牌知名度、目的地品牌形象、目的地品牌感知质量、目的地品牌忠诚和整体目的地品牌资产这五个维度。通过模型的构建和实证检验发现，目的地品牌资产的构成维度不是平行的。其中，目的地品牌知名度、目的地品牌形象和目的地感知质量属于外生变量，这三个变量会对其他维度产生影响，但不受其他维度的影响。目的地品牌忠诚和整体目的地品牌资产属于内生变量，受到其他三个变量的直接积极影响。结构方程模型的分析结果可以看出，目的地品牌资产的不同构成维度依据消费者的认知逻辑存在不同的路径关系，本研究提出的六个假设全部成立，即目的地品牌知名度对目的地品牌忠诚和整体目的地品牌资产有积极影响，目的地品牌形象对目的地品牌忠诚和整体目的地品牌资产有积极影响，目的地品牌感知质量对目的地品牌忠诚和整体目的地品牌资产有积极影响。

（四）对目的地满意度的影响研究

通过模型研究可以看出，目的地品牌知名度、目的地品牌形象和目的地品牌感知质量对目的地满意度的影响路径系数分别为0.331、0.374和0.252，说明目的地品牌知名度、目的地品牌形象和目的地品牌感知质量对目的地满意度成正相关，说明游客对目的地品牌越认可，对其质量越肯定，其对目的

[1] PREBENSEN N K, WOO E, CHEN J S, et al. Motivation and involvement as antecedents of the perceived value of the destination experience[J]. Journal of travel research, 2013, 52 (2): 253–264.

[2] MAHATOO W H. Motives must be differentiated from needs, drives, wants: strategy implications[J]. European journal of marketing, 1989, 23 (3): 29–36.

[3] FRIAS D M, CASTAÑEDA J A, DEL BARRIO–GARCÍA S, et al. The effect of self-congruity and motivation on consumer-based destination brand equity[J]. Journal of vacation marketing, 2019, 26 (3): 287–304.

地的满意度也就越高。这些研究结果也被前人所验证，如 Kim 等人（2008）指出目的地品牌资产，如品牌知名度与满意度相关（Lemmetyinen et al.，[①]），对邮轮目的地的品牌知名度会显著影响人们对该邮轮目的地的满意度。Castro 等人（2007）证实了目的地形象、服务之质量会影响满意度。

第二节　研究贡献

一、理论贡献

首先，本研究通过德尔菲法、开放性问卷和调查问卷法发展了包括"新引起的恐惧""感官不适引起的恐惧""加工方式不适引起的恐惧""感知潜在风险引起的恐惧""禁忌引起的恐惧"这5个维度共计21个题项的食物恐惧测量量表，并且在案例调查中加以验证。

本研究发展的食物恐惧量表，丰富了恐惧的内容：在以往的研究中，"食物恐新"是学者普遍关注的话题（Dimitrovski and Crespi-Vallbona[②]；Kim，Suh and Eves[③]；M. Ji et al.[④]）并且将其运用到旅游研究中，而本研究的食物恐惧不仅包括了食物恐新（新引起的恐惧），还包括其他四个维度，从而形成了一个系统且全面的测量体系，专门针对游客美食旅游中对食物的恐惧测量，弥补了现阶段对恐惧食物的研究空白，为将来研究游客食物消费行为提供了新的

---

① LEMMETYINEN A，DIMITROVSKI D，NIEMINEN L，et al. Cruise destination brand awareness as a moderator in motivation-satisfaction relation［J］. Tourism review，2016，71（4）：245–258.

② DIMITROVSKI D，CRESPI-VALLBONA M. Role of food neophilia in food market tourists' motivational construct：the case of La Boqueria in Barcelona，Spain［J］. Journal of travel & tourism marketing，2017，34（4）：475–487.

③ KIM Y G，SUH B W，EVES A. The relationships between food-related personality traits，satisfaction，and loyalty among visitors attending food events and festivals［J］. International journal of hospitality management，2010，29（2）：216–226.

④ JI M J，WONG I A，EVES A，et al. Food related personality traits and the moderating role of novelty seeking in food satisfaction and travel outcomes［J］. Tourism management，2016，57：387–396.

视野和衡量标准。

其次，本研究构建了一个结构方程模型来探讨游客的食物恐惧对目的地品牌资产的影响，并且选择案例地——云南西双版纳傣族自治州。案例调研一方面验证了食物恐惧测量量表的适用性，另一方面也通过结构方程模型的验证对美食旅游目的地品牌资产的研究进行了补充和扩展。美食旅游是一种新兴的旅游形式，也得到了学者的广泛关注，但是学者更多研究的是好看好吃的、赏心悦目的食物，对那些让人害怕的食物（可能是吸引物也可能是障碍物）的研究不足。在本研究中，通过以昆虫食物为例，探讨人们对恐惧食物的感知以及对目的地品牌资产的影响。

再次，在已有的目的地品牌资产研究中，对其前因后果有很多的研究。本研究从动机和食物恐惧两方面来探讨其对目的地品牌资产的影响。通过案例分析和结构方程模型，验证了动机对目的地品牌资产有积极的影响，这和以往的研究证实动机与目的地品牌资产之间有密切的联系（Tan，Kung and Luh[①]；Zhang，Liu and Li，2020）相一致。

最后，本研究通过结合"杂食悖论"和目的地品牌资产感知理论，结合案例分析，探索了基于顾客的美食旅游目的地品牌资产模型，并且探讨了品牌资产的内在结构，厘清了各维度之间的关系。这不仅为目的地的品牌营销推广提供了理论参考依据，也有利于促进旅游业可持续发展目标的实现。

二、实践贡献

通过对数据的分析和研究结论的梳理，本研究可以为美食旅游的开展，以及美食旅游目的地可持续发展管理提供一些可行性建议。

通过对样本的基本人口特征的统计分析发现，去云南旅游的美食旅游者的年龄基本在18~37岁之间，同时具有本科及以上的文化水平。美食旅游目的地可针对这些人群的需求特点做一些有效的营销策略。同时，美食旅游者多是结伴而行，目的地在进行活动设计时，可以多安排一些结伴完成的项目，如在品尝当地食物时，如果有同伴的鼓励，可能会降低对食物的恐惧，更愿

---

① TAN S K, KUNG S F, LUH D B. A model of "creative experience" in creative tourism [J]. Annals of tourism research, 2013, 41: 153-174.

意品尝当地的食物，因为游伴可以对旅游体验产生重要的影响。[①]

（一）通过调查食物恐惧对游客品尝让人恐惧食物的动机影响机制，为那些提供不同寻常的新食物，如让人恐惧的食物作为旅游吸引物的景区提供了一些探索性的观点

通过本研究开发食物恐惧的量表发现，让游客恐惧的食物有很多，引起游客恐惧的因素也有很多，如食物恐新。Xu 和 Zeng[②] 指出目的地营销人员应该提供一些熟悉的正面信息给那些有食物恐新症的游客，这样可以增强他们对当地食物的消费意愿。感官不适和加工方式不适也是引起恐惧的主要因素。昆虫食物之所以让人害怕，一是由于消费者对昆虫食物的视觉恐惧，二是对昆虫食物的加工方式不适引起的。因此，已有的研究也指出可以通过降低原料成分的可视性来增强人们食用的欲望。游客品尝当地食物的动机不仅受到食物恐新的影响，也受到了食物感官属性的刺激，鉴于此，旅游与酒店营销人员在进行推销的时候应该降低食物的感官属性（如不要直接将一整只昆虫呈现，而是磨成粉或者是以其他不可见的方式呈现）对消费体验的影响。此外，消费者对于就餐环境（如厨师的卫生情况等）也是比较关注的，酒店在进行营销的时候也应该严格要求服务员和相关一线人员的卫生情况，以提高游客的美食体验。

游客对于食物潜在的感知风险也会对其品尝当地食物的动机产生影响。人们之所以会对食物的安全、健康隐患存在顾虑，最主要的原因是对食物信息的了解有限。因此，提高人们对食虫性的认识，了解昆虫食物的益处会降低人们的恐惧。已有研究证实信息的披露会降低人们对新食物的恐惧。因为人们对新食物的恐惧往往是由于未知造成的，信息越多，人们的恐惧感越低。（Rozin and Vollmecke[③]）提高文化熟悉度或是菜单中有文字和图片都能降低

---

① 许春晓，郑静.同伴角色、旅游体验质量与旅游者幸福感的关系［J］.湘潭大学学报（哲学社会科学版），2021，45（5）：69-73.

② XU Y，ZENG G J. Not eating is a loss：how familiarity influences local food consumption［J］. Tourism management，2022，90：104-479.

③ ROZIN P，VOLLMECKE T A. Food likes and dislikes［J］. Annual review of nutrition，1986，6（1）：433-456.

消费者对食物的恐新。（Jang and Kim [1]）此外，景区在进行食物营销时应该制定严格的食物质量控制标准和体系（Mak et al. [2]），如香港就制定了"Quality tourism service"（QTS，旅游服务质量标准），所有的餐饮企业都要通过 QTS，才能进入 QTS 目录（Okumus，Okumus，and McKercher [3]）。苏格兰国家旅游组织也实施了"品尝我们最好的"质量保证计划，以确保游客可以享受苏格兰出品的优质食材和最新鲜的时令农产品。（Visit Scotland [4]）同时，旅游和酒店营销人员可以提供专业的饮食和营养信息，并突出其美食产品的健康益处（Chang [5]；Mak et al. [6]），来提高游客的品尝意愿。

游客对食物卫生的顾虑、环境的氛围等会影响游客品尝当地的食物（Promsivapallop and Kannaovakun [7]），游客更愿意去一些高档的酒店，而不是路边摊去品尝当地的食物，导游在安排特色食物时，应该考虑将其安排在环境氛围好的地方。

食物禁忌也是引起人们食物恐惧的一个重要因素。已有研究表明，人们拒绝吃某种食物是受自身文化的影响，文化告诉了人们哪些是可以吃的，哪些是不能吃的。（Rozin and Fallon [8]）文化对食物偏好的影响是巨大的。（Rozin

---

① JANG S C, KIM H D. Enhancing ethnic food acceptance and reducing perceived risk: the effects of personality traits, cultural familiarity, and menu framing [J]. International journal of hospitality management, 2015, 47: 85–95.

② MAK A H, LUMBERS M, EVES A. Globalisation and food consumption in tourism [J]. Annals of tourism research, 2012, 39 (1): 171–196.

③ OKUMUS B, OKUMUS F, MCKERCHER B. Incorporating local and international cuisines in the marketing of tourism destinations: The cases of Hong Kong and Turkey [J]. Tourism management, 2007, 28 (1): 253–261.

④ VISIT S. Taste our best-quality assurance scheme [EB/OL]. Visit Scotland, 2015–07–04.

⑤ CHANG R C, KIVELA J, MAK A H. Food preferences of Chinese tourists [J]. Annals of tourism research, 2010, 37 (4): 989–1011.

⑥ MAK A H, LUMBERS M, EVES A. Globalisation and food consumption in tourism [J]. Annals of tourism research, 2012, 39 (1): 171–196.

⑦ PROMSIVAPALLOP P, KANNAOVAKUN P. Destination food image dimensions and their effects on food preference and consumption [J]. Journal of destination marketing & management, 2019, 11: 89–100.

⑧ ROZIN P, FALLON A. The psychological categorization of foods and non-foods: A preliminary taxonomy of food rejections [J]. Appetite, 1980, 1 (3): 193–201.

and Vollmecke[①]）人们已有的文化规范了人们的饮食模式，包括味道和准备方式。如果消费者对某种特定食物有禁忌，是很难改变的。（Tan et al.[②]）因此，作为营销人员要深入了解游客对特定食物的态度，如食物禁忌，并且避免提供类似的食物给旅游者。

（二）进一步明确了旅游目的地品牌资产的影响因素

通过本研究发现，游客的求新动机、兴奋动机、真实体验动机和学习动机越强烈，对美食旅游目的地的兴趣就会越高，对美食旅游目的地的评价也越好。而游客内在动机的激发需要旅游目的地在进行营销时注重真实性、新颖性，如可以通过让游客参与食物的制作，了解食材的信息，尤其是向游客传达食虫的益处，以提高游客对当地食物的兴趣。目的地在进行宣传营销时应该树立全局的观念，不仅是景点的宣传，同时也包括了当地饮食文化、餐厅环境、食物等的宣传。游客的体验是多方面的，包括了吃、住、行、游、购、娱六个方面，目的地的营销也应该是统一的，如此才能在游客心目中建立良好的形象。

（三）通过明确目的地品牌资产的内在结构关系，为提升目的地竞争力指明了方向

本研究通过结构方程模型检验发现，目的地品牌知名度对目的地品牌忠诚和目的地满意度有积极影响。这表明，在游客的心目中建立的形象越成功，越能提升其对目的地的积极评价。因此，针对目标市场，可以通过不同的营销渠道来建立，如电视、杂志或活动。

目的地品牌形象对目的地品牌忠诚和目的地满意度有积极影响。这表明，在建立品牌知名度的同时，旅游目的地应该塑造一个令人印象深刻和独特的形象，在流程的所有阶段，如营销和提供产品（服务），营销人员应深入考虑

① ROZIN P，VOLLMECKE T A. Food likes and dislikes［J］．Annual review of nutrition，1986，6（1）：433–456.

② TAN H S G，FISCHER A R，VAN TRIJP H C，et al. Tasty but nasty? Exploring the role of sensory-liking and food appropriateness in the willingness to eat unusual novel foods like insects［J］．Food quality and preference，2016，48：293–302.

游客的的信念、想法、风格、个性和需求。（Tran et al., 2017；Tran^① ）

结果还显示，目的地品牌感知质量对目的地品牌忠诚度具有显著的积极影响。因此，在旅游业中考虑质量至关重要，因为如果顾客认为服务提供商正在做高质量的工作，他们对目的地会更忠诚。旅游服务提供商（如当地政府、企业和公民）应合作改善所提供的产品（服务），如基础设施、住宿、食品和饮料等。

最后，目的地品牌知名度、目的地品牌形象、目的地品牌感知质量对整体目的地品牌资产有显著影响。这再次证实了维持和发展目的地维度的重要性，以发展旅游业的整体目的地品牌资产。（Tran et al.^② ）

第三节　研究不足与展望

本研究通过阅读大量国内外文献，提出研究问题，力求客观、严谨地推动研究进程，并通过规范的研究方法得出研究结论，但是受到研究条件、资源条件等限制，本研究不可避免地存在一些不足和局限，现针对这些不足与局限提出未来进一步研究的相关建议，以弥补现阶段研究的不足与局限。

首先，研究对象不具有全面性。本研究发现，让人恐惧的食物有很多，本研究以昆虫食物为例来写，只是代表了让人恐惧的食物的某些特征，并不能代表所有食物，因此涵盖面不够完全。未来研究的范围可以扩大，选取的案例地也可以更多，如街头小吃等。通过考察不同地区的不同食物，更能全面反映美食旅游的食物恐惧行为。

其次，采用问卷调查的方式不够理想。由于新冠疫情的影响，本研究在调研时，无法到案例地直接当面进行纸质问卷派发，而是改用网络电子问卷

---

① TRAN V T, NGUYEN N P, TRAN P T K, et al. Brand equity in a tourism destination: a case study of domestic tourists in Hoi An city, Vietnam[J]. Tourism review, 2019, 74（3）: 704–720.

② TRAN V T, NGUYEN N P, TRAN P T K, et al. Brand equity in a tourism destination: a case study of domestic tourists in Hoi An city, Vietnam[J]. Tourism review, 2019, 74（3）: 704–720.

派发，因此可能存在一定的误差。首先是受访者体验感误差，虽然在本问卷中设置了筛选性问题，只调查去过云南西双版纳傣族自治州且品尝过昆虫宴的游客，但是游客当下的感受和做问卷时回顾的感受是存在差异的。同时，在本研究中，受访者多是中青年人，老年人的比例很少，无法排除是否受到了电子问卷接受程度和互联网使用限制的影响，因而本研究也就无法做出年龄对食物恐惧的影响分析。接着，本研究调查问卷采用中文版本进行发放，受收集渠道的影响，受访者基本上是华人。而在已有的研究中发现，对昆虫的态度和性别、国籍（Hartmann et al. [1]；Ruby et al. [2]）等有关。在将来的研究中，可以采用实地调查的方式，以获取更多的样本量，同时分析人口统计变量对食物恐惧的影响。

再次，本研究虽然探讨了动机对目的地品牌资产的影响，但是对目的地品牌资产的影响因素有很多。在将来的研究中可以从更多的因素方面探讨目的地品牌资产的前置影响因素，如食物形象，已有的研究表明食物形象对于满意度和目的地忠诚度有重要影响（Lertputtarak [3]；Ling, Karim and Othman [4]；Seo, Yun and Kim [5]）。在将来的研究中我们可以研究游客对让人恐惧的食物形象是怎样的，以及会对游客目的地品牌资产感知和满意度产生何种影响。

从次，本研究虽然对食物恐惧各个维度对动机产生的影响进行了研究，但是动机的维度也是多维的，将来的研究可以细分食物恐惧对各个维度的影响。在本研究中没有探讨年龄、收入、受教育程度等社会统计变量对食物恐惧的影响。

---

[1] HARTMANN C, SHI J, GIUSTO A, et al. The psychology of eating insects: A cross-cultural comparison between germany and China[J]. Food quality and preference, 2015, 44: 148–156.

[2] RUBY M B, ROZIN P, CHAN C D. Determinants of willingness to eat insects in the USA and India[J]. Journal of Insects as food and feed, 2015, 1 (3): 215–225.

[3] LERTPUTTARAK S. The relationship between destination image, food image, and revisiting Pattaya, Thailand[J]. International journal of business and management, 2012, 7 (5): 111–121.

[4] KARIM S, CHI C G Q. Culinary tourism as a destination attraction: an empirical examination of destinations' food image[J]. Journal of hospitality marketing & management, 2010, 19 (6): 531–555.

[5] SEO S, YUN N, KIM O Y. Destination food image and intention to eat destination foods: a view from Korea[J]. Current issues in tourism, 2017, 20 (2): 135–156.

　　最后，在目的地品牌资产维度选择方面。笔者在对前人研究成果综述的基础上，预设目的地品牌知名度、目的地品牌形象、目的地品牌感知质量、目的地品牌忠诚和整体目的地品牌资产五个维度，并对其关系进行了检验。但是笔者并没有将其他更多的维度引入研究，以探究模型的可能性。因为目前关于目的地品牌资产的构成维度并没有形成统一的结论，在未来的研究中可以引入其他维度进行探索研究。

参考文献

中文文献

一、专著

［1］段义孚.无边的恐惧［M］.徐文宁，译.北京：北京大学出版社，2011.

［2］克洛德·列维-斯特劳斯.神话学：餐桌礼仪的起源［M］.周昌忠，译.北京：中国人民大学出版社，2007.

［3］贡特尔·希施费尔德.欧洲饮食文化史：从石器时代至今的营养史［M］.吴裕康，译.桂林：广西师范大学出版社，2006.

［4］扶霞·邓洛普.鱼翅与花椒［M］.何雨珈，译.上海：上海译文出版社，2018.

［5］李绪鉴.民间禁忌与惰性心理［M］.北京：科学出版社，1989.

［6］芦淼.不一样的色彩心理学［M］.北京：中国青年出版社，2010.

［7］孟昭兰.人类情绪［M］.上海：上海人民出版社，1989.

［8］朱东润.梅饶臣集编年校注［M］.台北：源流出版社，1983.

［9］元稹.元稹集［M］.北京：中华书局，1982.

［10］吴明隆.问卷统计分析实务：SPSS操作与应用［M］.重庆：重庆大学出版社，2010.

［11］肖全民.幼儿心理行为的教育诊断［M］.武汉：武汉大学出版社，2017.

［12］谢彦君.基础旅游学：第4版［M］.北京：商务印书馆，2015.

［13］瞿明安.隐藏民族灵魂的符号：中国饮食象征文化论［M］.昆明：云南大学出版社，2011.

［14］赵慧平.忌讳［M］.沈阳：辽宁人民出版社，1990.

二、期刊

［1］崔凤军，顾永键.景区型目的地品牌资产评估的指标体系构建与评估模型初探［J］.旅游论坛，2009，2（1）.

［2］邓衡.国外旅游目的地品牌化进展研究［J］.江西金融职工大学学报，2006（51）.

［3］龚慧.国内外旅游动机文献综述［J］.旅游纵览（下半月），2017（24）.

［4］管婧婧.国外美食与旅游研究述评：兼谈美食旅游概念泛化现象［J］.旅游学刊，2012，27（10）.

［5］郭玉江.运动员运动动机与心理疲劳的关系：时间管理的中介作用［J］.沈阳体育学院学报，2015，34（5）.

［6］韩国圣，李辉，LEW A.基于旅游与农业联系的游客餐饮感知研究院评价维度与联系机制［J］.世界地理研究，2015，24（2）.

［7］李树民，支喻，邵金萍.论旅游地品牌概念的确立及设计构建［J］.西北大学学报（哲学社会科学版），2002（3）.

［8］刘娟娟.动机理论研究综述［J］.内蒙古师范大学学报（教育科学版），2004（7）.

［9］刘丽君，郝彦革.秦皇岛旅游目的地品牌化研究［J］.商场现代化，2008（10）.

［10］鲁芬，田芙蓉，张超旋.消费需求的变化与云南餐饮美食的发展［J］.旅游研究，2019，11（4）.

［11］陆红娟.特色旅游产业助推下的民族饮食文化的传播［J］.食品工

业，2020，41（8）.

[12] 钱凤德，丁娜，沈航. 青年群体视阈下特色美食对城市形象感知的影响：以广州、深圳、香港为例 [J]. 美食研究，2020，37（3）.

[13] 切排，王兰. 藏族食物禁忌的人类学解读 [J]. 西藏大学学报（社会科学版），2013，28（1）.

[14] 戎晓媛，张玉楼，黄康，等. 基于视觉恐惧反应的行为分析 [J]. 集成技术，2020，9（4）.

[15] 沈鹏熠. 旅游目的地品牌资产的结构及其形成机理：基于目的地形象视角的实证研究 [J]. 经济经纬，2014，31（1）.

[16] 夏勇. 学龄期儿童恐惧的内容与结构 [J]. 心理发展与教育，1997（2）.

[17] 谢继胜. 战神杂考：据格萨尔史诗和战神祀文对战神、威尔玛、十三战神和风马的研究 [J]. 中国藏学，1991（4）.

[18] 许春晓，莫莉萍. 旅游目的地品牌资产驱动因素模型研究：以凤凰古城为例 [J]. 旅游学刊，2014，29（7）.

[19] 许春晓，郑静. 同伴角色、旅游体验质量与旅游者幸福感的关系 [J]. 湘潭大学学报（哲学社会科学版），2021，45（5）.

[20] 徐冰. 恐惧源于未知 [J]. 大科技（百科新说），2011（10）.

[21] 杨明华. 饮食人类学视野下的肉食消费与文化生产 [J]. 扬州大学烹饪学报，2014，31（1）.

[22] 于春玲，赵平. 品牌资产及其测量中的概念解析 [J]. 南开管理评论，2003（1）.

[23] 袁文军，晋孟雨，石美玉. 美食旅游的概念辨析：基于文献综述的思考 [J]. 四川旅游学院学报，2018（2）.

[24] 翟辅东. 旅游六要素的理论属性探讨 [J]. 旅游学刊，2006（4）.

[25] 张玲，王洁，张寄南. 转基因食品恐惧原因分析及其对策 [J]. 自然辩证法通讯，2006（6）.

[26] 张慧，黄剑波. 焦虑、恐惧与这个时代的日常生活 [J]. 西南民族大学学报（人文社科版），2017，38（9）.

［27］张蜀蕙．北宋文人饮食书写的南方经验［J］．淡江中文学报，2006（14）．

［28］张红贤，游细斌，白伟杉，等．目的地旅游吸引力测算及相关因素分析［J］．经济地理，2018，38（7）．

［29］张宏梅，张文静，王进，等．基于旅游者视角的目的地品牌权益测量模型：以皖南国际旅游区为例［J］．旅游科学，2013，27（1）．

［30］周斌．恐惧心理与文艺表达［J］．当代文坛，2014（1）．

［31］周意．4岁~6岁学前儿童恐惧源的访谈研究［J］．教育导刊（下半月），2011（3）．

［32］朱瑞平．基于游客感知的地质公园旅游品牌价值影响因素研究［J］．苏州教育学院学报，2011，28（2）．

三、论文

［1］崔晓燕．旅游者体验视角下的历史街区旅游吸引力研究：以成都市宽窄巷子为例［D］．成都：四川师范大学，2007.

［2］黄子璇．旅游者对目的美食形象感知及行为意向影响因素研究：以成都市为例［D］．南京：南京师范大学，2019.

［3］李敏．图画书中鬼怪意象及其适宜性探究［D］．南京：南京师范大学，2015.

［4］黄洁．国家级风景名胜区的品牌资产研究：基于大学生短途旅游者视角［D］．上海：复旦大学，2012.

［5］刘多．旅游中饮食动机对旅游者行为意向影响的实证研究［D］．兰州：兰州财经大学，2016.

［6］刘海燕．青少年恐惧情绪再评价调节脑机制fMRI研究［D］．北京：首都师范大学，2005.

［7］刘珺．旅游虚拟社区成员参与动机与旅游决策行为的关系研究［D］．西安：西北大学，2018.

［8］吴起乐．转基因食品消费者认知、态度和购买相关影响因素研究［D］．合肥：安徽医科大学，2017.

[9] 钟颖琦.食品恐慌下消费者对食品添加剂的风险感知研究 [D]. 无锡：江南大学，2014.

[10] 周雪.用户研究中的问卷设计理论建模 [D]. 北京：北京邮电大学，2014.

四、其他

伍进，张素杰.基于旅游者感知视角的主题公园品牌资产模型探析 [C]// Wuhan University, Chung Hua Universiy, University of Science and Technology of China, et al. Proceedings of international conference on engineering and business management（EBM 2012）. 桂林：桂林理工大学旅游学院，2012.

附录 1　开放问卷题目

什么样的食物让你感到恐惧？

如何形容你所害怕的食物（用一些形容词）？

附录 2 预调查的问卷

尊敬的先生 / 女士：

您好！

我是澳门科技大学国际酒店与旅游管理学院的博士研究生，现在向大家收集关于让人恐惧的食物一些问卷。

本问卷采用匿名形式进行填写，所收集到的全部信息仅用于学术研究，相关信息将被保密，请您放心填写！您在问卷中所提供的信息对本研究非常重要。问卷中有任何问题欢迎随时联系！

希望您能根据实际情况填写问卷。感谢您的支持与帮助！

题号	题项	非常不同意	不同意	一般	同意	非常同意
1	新的食物让我感到恐惧	1	2	3	4	5
2	以前没有吃过的食物，让我感到恐惧	1	2	3	4	5
3	以前没有见过的食物，让我感到恐惧	1	2	3	4	5
4	不知道名字的食物，让我感到恐惧	1	2	3	4	5
5	不知道来源的食物，让我感到恐惧	1	2	3	4	5
6	食物里的未知成分，让我感到恐惧	1	2	3	4	5
7	新食品技术做出来的食物，让我感到恐惧	1	2	3	4	5
8	看起来奇怪的食物，让我感到恐惧	1	2	3	4	5
9	口味奇怪的食物让我感到恐惧	1	2	3	4	5
10	特定味道的食物（太甜、太辣、太咸、腌制），让我感到恐惧	1	2	3	4	5

续表

题号	题项	非常不同意	不同意	一般	同意	非常同意
11	那些口感质地奇怪的食物（如脆、糊或非常有嚼劲的食物），让我感到恐惧	1	2	3	4	5
12	那些看起来或者口感黏滑的食物（如秋葵、牡蛎、软煮蛋或煎蛋），让我感到恐惧	1	2	3	4	5
13	特定颜色的食物（如太鲜艳），让我感到恐惧	1	2	3	4	5
14	汤汁或酱料里含有"块状"食材的食物（如带有碎片的酱汁），即使它们应该是这样的，也让我感到恐惧	1	2	3	4	5
15	那些里面包有"东西"的食物（如里面有葡萄干的饼干、里面有坚果的布朗尼蛋糕），让我感到恐惧	1	2	3	4	5
16	带有酱汁的食物（如西红柿酱的意大利面、肉汁的火鸡），让我感到恐惧	1	2	3	4	5
17	浓黑咖啡、辣椒等有强烈气味的食物，让我感到恐惧	1	2	3	4	5
18	外形奇怪的食物（如体型庞大），让我感到恐惧	1	2	3	4	5
19	特定气味的食物（如榴莲、臭豆腐），让我感到恐惧	1	2	3	4	5
20	特定质地的食物（如黏滑的、肥腻的），让我感到恐惧	1	2	3	4	5
21	动物的特定部位（如软骨、内脏、头），让我感到恐惧	1	2	3	4	5
22	生的食物，让我感到恐惧	1	2	3	4	5
23	未煮熟的食物（如里面带血的扒类），让我感到恐惧	1	2	3	4	5

续表

题号	题项	非常不同意	不同意	一般	同意	非常同意
24	整只烹制的动物（如烤架上的一整头猪），让我感到恐惧	1	2	3	4	5
25	过于逼真的象形食物，让我感到恐惧	1	2	3	4	5
26	会动的食物，让我感到恐惧	1	2	3	4	5
27	含有昆虫的食物，让我感到恐惧	1	2	3	4	5
28	很脏的餐具盛的食物，让我感到恐惧	1	2	3	4	5
29	个人卫生很差劲的厨师做出来的食物，让我感到恐惧	1	2	3	4	5
30	生病或受伤的厨师做出来的食物，让我感到恐惧	1	2	3	4	5
31	个人卫生差的服务员（如用手摸鼻子）服务的食物，让我感到恐惧	1	2	3	4	5
32	有异物（如头发）的食物，让我感到恐惧	1	2	3	4	5
33	陌生人给的食物，让我感到恐惧	1	2	3	4	5
34	朋友咬过的面包，让我感到恐惧	1	2	3	4	5
35	朋友用过的盛器装的食物，让我感到恐惧	1	2	3	4	5
36	朋友或者熟人碰了的食物，让我感到恐惧	1	2	3	4	5
37	变质的、长霉的、过了保质期的、腐烂的食物，让我感到恐惧	1	2	3	4	5
38	非应季的食物，让我感到恐惧	1	2	3	4	5
39	食品添加剂大量使用的食物，让我感到恐惧	1	2	3	4	5
40	有毒的食物，让我感到恐惧	1	2	3	4	5
41	被污染的食物，让我感到恐惧	1	2	3	4	5
42	可能含有极少量微生物的罐头食品，让我感到恐惧	1	2	3	4	5

续表

题号	题项	非常不同意	不同意	一般	同意	非常同意
43	过敏的食物，让我感到恐惧	1	2	3	4	5
44	令人想起不好往事的食物，让我感到恐惧	1	2	3	4	5
45	民族禁忌的食物，让我感到恐惧	1	2	3	4	5
46	文化中有禁忌的食物，让我感到恐惧	1	2	3	4	5
47	宗教信仰中禁忌的食物，让我感到恐惧	1	2	3	4	5

附录3 量表正式问卷

尊敬的先生／女士：

您好！

我是澳门科技大学国际酒店与旅游管理学院的博士研究生，现在向大家收集关于让人恐惧的食物一些问卷。

本问卷采用匿名形式进行填写，所收集到的全部信息仅用于学术研究，相关信息将被保密，请您放心填写！您在问卷中所提供的信息对本研究非常重要。问卷中有任何问题欢迎随时联系！

希望您能根据实际情况填写问卷。感谢您的支持与帮助！

题号	题项	非常不同意	不同意	一般	同意	非常同意
1	不知道来源的食物，让我感到恐惧	1	2	3	4	5
2	食物里的未知成分，让我感到恐惧	1	2	3	4	5
3	看起来奇怪的食物，让我感到恐惧	1	2	3	4	5
4	那些口感质地奇怪的食物（如脆、糊或非常有嚼劲的食物），让我感到恐惧	1	2	3	4	5
5	那些看起来或者口感黏滑的食物（如秋葵、牡蛎、软煮蛋或煎蛋），让我感到恐惧	1	2	3	4	5
6	汤汁或酱料里含有"块状"食材的食物（如带有碎片的酱汁），即使它们应该是这样的，也让我感到恐惧	1	2	3	4	5

续表

题号	题项	非常不同意	不同意	一般	同意	非常同意
7	那些里面包有"东西"的食物（如里面有葡萄干的饼干、里面有坚果的布朗尼蛋糕），让我感到恐惧	1	2	3	4	5
8	带有酱汁的食物（如西红柿酱的意大利面、肉汁的火鸡），让我感到恐惧	1	2	3	4	5
9	浓黑咖啡、辣椒等有强烈气味的食物，让我感到恐惧	1	2	3	4	5
10	外形奇怪的食物（如体型庞大），让我感到恐惧	1	2	3	4	5
11	动物的特定部位（如软骨、内脏、头），让我感到恐惧	1	2	3	4	5
12	生的食物，让我感到恐惧	1	2	3	4	5
13	未煮熟的食物（如里面带血的扒类），让我感到恐惧	1	2	3	4	5
14	整只烹制的动物（如烤架上的一整头猪），让我感到恐惧	1	2	3	4	5
15	过于逼真的象形食物，让我感到恐惧	1	2	3	4	5
16	个人卫生很差劲的厨师做出来的食物，让我感到恐惧	1	2	3	4	5
17	有异物（如头发）的食物，让我感到恐惧	1	2	3	4	5
18	食品添加剂大量使用的食物，让我感到恐惧	1	2	3	4	5
19	民族禁忌的食物，让我感到恐惧	1	2	3	4	5
20	文化中有禁忌的食物，让我感到恐惧	1	2	3	4	5
21	宗教信仰中禁忌的食物，让我感到恐惧	1	2	3	4	5
22	含有昆虫的食物，让我感到恐惧	1	2	3	4	5

续表

题号	题项	非常不同意	不同意	一般	同意	非常同意
23	个人卫生很差劲的厨师做出来的食物，让我感到恐惧	1	2	3	4	5
24	有异物（如头发）的食物，让我感到恐惧	1	2	3	4	5
25	朋友或者熟人碰了的食物，让我感到恐惧	1	2	3	4	5
26	非应季的食物，让我感到恐惧	1	2	3	4	5
27	食品添加剂大量使用的食物，让我感到恐惧	1	2	3	4	5
28	可能含有极少量微生物的罐头食品，让我感到恐惧	1	2	3	4	5
29	令人想起不好往事的食物，让我感到恐惧	1	2	3	4	5
30	民族禁忌的食物，让我感到恐惧	1	2	3	4	5
31	文化中有禁忌的食物，让我感到恐惧	1	2	3	4	5
32	宗教信仰中禁忌的食物，让我感到恐惧	1	2	3	4	5

附录 4 案例分析的正式问卷

尊敬的先生 / 女士：

您好！

我是澳门科技大学国际酒店与旅游管理学院的博士研究生，我现在正在收集人们对于恐惧的食物的问卷，本问卷采用匿名形式进行填写，所收集到的全部信息仅用于学术研究，相关信息将被保密，请您放心填写！您在问卷中所提供的信息对本研究非常重要。问卷中有任何问题欢迎随时联系！

希望您能根据实际情况填写问卷。感谢您的支持与帮助！

你去云南的西双版纳旅游过吗？

有 □ 没有□

你品尝过当地的昆虫宴吗？

有 □ 没有□

（以上问题为筛选性题目）

第一部分 食物恐惧量表（请选择与您实际情况最相符的选项）

题号	题项	非常不同意	不同意	一般	同意	非常同意
1	不知道来源的食物，让我感到恐惧	1	2	3	4	5
2	食物里的未知成分，让我感到恐惧	1	2	3	4	5
3	看起来奇怪的食物，让我感到恐惧	1	2	3	4	5
4	那些口感质地奇怪的食物（如脆、糊或非常有嚼劲的食物），让我感到恐惧	1	2	3	4	5

续表

题号	题项	非常不同意	不同意	一般	同意	非常同意
5	那些看起来或者口感黏滑的食物（如秋葵、牡蛎、软煮蛋或煎蛋），让我感到恐惧	1	2	3	4	5
6	汤汁或酱料里含有"块状"食材的食物（如带有碎片的酱汁），即使它们应该是这样的，也让我感到恐惧	1	2	3	4	5
7	那些里面包有"东西"的食物（如里面有葡萄干的饼干、里面有坚果的布朗尼蛋糕），让我感到恐惧	1	2	3	4	5
8	带有酱汁的食物（如西红柿酱的意大利面、肉汁的火鸡），让我感到恐惧	1	2	3	4	5
9	浓黑咖啡、辣椒等有强烈气味的食物，让我感到恐惧	1	2	3	4	5
10	外形奇怪的食物（如体型庞大），让我感到恐惧	1	2	3	4	5
11	动物的特定部位（如软骨、内脏、头），让我感到恐惧	1	2	3	4	5
12	生的食物，让我感到恐惧	1	2	3	4	5
13	未煮熟的食物（如里面带血的扒类），让我感到恐惧	1	2	3	4	5
14	整只烹制的动物（如烤架上的一整头猪），让我感到恐惧	1	2	3	4	5
15	过于逼真的象形食物，让我感到恐惧	1	2	3	4	5
16	个人卫生很差劲的厨师做出来的食物，让我感到恐惧	1	2	3	4	5
17	有异物（如头发）的食物，让我感到恐惧	1	2	3	4	5
18	食品添加剂大量使用的食物，让我感到恐惧	1	2	3	4	5

续表

题号	题项	非常不同意	不同意	一般	同意	非常同意
19	民族禁忌的食物，让我感到恐惧	1	2	3	4	5
20	文化中有禁忌的食物，让我感到恐惧	1	2	3	4	5
21	宗教信仰中禁忌的食物，让我感到恐惧	1	2	3	4	5

第二部分 动机（请选择与您实际情况最相符的选项）

题号	题项	非常不同意	不同意	一般	同意	非常同意
1	当品尝当地食物时，我期望它是令人兴奋的	1	2	3	4	5
2	在当地体验当地食物让我感到兴奋	1	2	3	4	5
3	品尝当地食物对我来说是令人兴奋的	1	2	3	4	5
4	品尝当地食物让我有机会了解不同文化	1	2	3	4	5
5	品尝当地食物帮助我了解其他人的生活方式	1	2	3	4	5
6	品尝当地食物让我看到我平时看不到的东西	1	2	3	4	5
7	品尝当地食物让我了解了当地食物的风味	1	2	3	4	5
8	品尝当地食物让我发现一些新的东西	1	2	3	4	5
9	在原产地品尝当地食物是一种真实的体验	1	2	3	4	5
10	品尝由当地人提供的当地食物让我有机会了解当地独特的文化	1	2	3	4	5
11	品尝当地传统的食物是一种特殊的体验	1	2	3	4	5
12	在原产地品尝当地食物对我来说很重要	1	2	3	4	5
13	寻找多样化的食物	1	2	3	4	5
14	尝试我从未尝过的食物	1	2	3	4	5

题号	题项	非常不同意	不同意	一般	同意	非常同意
15	尝试多样化食物需要冒险	1	2	3	4	5
16	品尝不同的、新的食物	1	2	3	4	5

第三部分　旅游目的地品牌资产（请选择与您实际情况最相符的选项）

题号	题项	非常不同意	不同意	一般	同意	非常同意
1	我知道这个地方是一个旅游目的地	1	2	3	4	5
2	我可以想象这个目的地在我心目中的样子	1	2	3	4	5
3	我很快能想起这个旅游目的地的特征	1	2	3	4	5
4	当我在考虑旅行时，这个目的地是第一个浮现在我头脑中的	1	2	3	4	5
5	这个目的地有有趣的地方可以参观	1	2	3	4	5
6	这个目的地有迷人的自然风光	1	2	3	4	5
7	这个目的地气候宜人	1	2	3	4	5
8	这个目的地提供了一致质量的产品	1	2	3	4	5
9	这个目的地让我感受到了高质量的体验	1	2	3	4	5
10	这个目的地提供的产品，我可以期望得到更高的体验	1	2	3	4	5
11	这个目的地比其他类似的目的地更好	1	2	3	4	5
12	在不久的将来，我会再次到这个目的地旅游	1	2	3	4	5
13	我会推荐我身边的朋友去这个目的地旅游	1	2	3	4	5
14	我很喜欢去这里旅游	1	2	3	4	5
15	我认为去这个地方旅游是一个明智的举动	1	2	3	4	5

第四部分　个人信息（请您在与实际情况最相符选项前的□内打√）

1. 您的性别：□ 男 □ 女

2. 您的年龄：□ 18~27 岁 □ 28~37 岁 □ 38~47 岁 □ 48~57 岁 □ 58 岁及以上

3. 您的受教育程度：□ 初中及以下 □ 专科、高职 □ 本科 □ 硕士 □ 博士

4. 您的月收入（RMB）：□ 低于 5000 元 □ 5001~10000 元 □ 10001~15000 元
□ 15001 元及以上

5. 这次一同出游的旅伴是：□ 独自出游 □ 朋友 □ 家人 □ 同事